インナーメッセンジャー

Inner Messenger

川上 貢一

ナチュラルスピリット

聖霊への祈り

私たちにもっとも良いものが与えられますように
私たちがもっとも良いものを与えられますように
地上に天国が現れますように

すでに現れている天国を私が見失いませんように

推薦の言葉

呼び声を聴いた人

香咲弥須子

息がつまりそうになるほどの幸福感にひたされながら、全ページを一気に読んだ。どのページにも、澄みわたった心が、どこまでも広がっている。『奇跡のコース』の学習プロセスにおいて経験する心の風景、そして明るい静けさがある。思索もあり、逡巡もある。そのどの部分を切り取っても、その心は晴れやかだ。深刻な雲を貫いて、陽光が射しこんでいる。

本書を開くなり、「わたしもこの声を聴きました」と、読者は著者に言いたくなるだろう。「わたしも、〃これじゃない〃と感じていたのです。わたしも、〃この空虚さをなんとかしたい〃と願っていたのです」と、話しかけたくなるだろう。

読み終わるよりずっと前に、「わたしもまた、自分自身のほんとうの声を聞くためのレッスンがどこにあるか、探していたのです。そして見つけました」と、著者を抱きしめたくなるかもしれない。

本書には、切実に求めた人の心のありようが、あますところなく描かれている。求めた人が、何を受け取り、何を聴き、何を見たかが明確に記されている。求めた声が、どう応えてくれたかが、示されている。

どんな答えをもらうかということが、重要なのではない。その声はどんなふうに響くか。自分はどう聴いたか。そこに、いのちの歓びがある。それをありのままに差し出してくれる著者がここにいて、読者であるわたしたちが、「この人は、わたしだ」と感じられる安心と自由自在さ。誰もが厳密に、対等であり、文字通りひとつの存在なのだという真実は、まさに本書の著者と読者の関係のように経験されるものだ。そして、ひとつの関係を、このように経験するならば、それはまさに、自分自身のほんとうの声と、真に、親しく、関係し、ひとつのものになったことになる。

わたしのように一気読みはしないでと言いたい。できるかぎりゆっくりと、各ページに、言葉のひとつひとつに、自身を投げ入れながら、著者に抱きしめられ、また、抱きしめる至福を楽しんでと言いたい。わたしも、もちろん、これからそうやって何度でもこの本を開くつもりだ。

心優しい友人に紹介され、海辺で会ったあの日から（ああ、何年も何年も前のこと！）、コオさんとの関係は、このようなものだった。いつも同じ空の下にいるのを感じ、いつも同じ声を聴いているのをわかりあっている安心感を共有してきた。

それはもちろん、わたしだけではないだろう。コオさんと『奇跡のコース』を分かち合った人はみな同じ思いを持っているはずだ。そして本書を通して、またさらに多くの人と、この関係を広げていくことになる。これ以上うれしいことはないばかりでなく、これ以上に、地上に生きるわたしたちに必要なことはないとも、わたしは、思っている。

ありがとう、コオさん。

はじまり

　わたしに物心がついてからずっとあった思い。それは、

「なぜ自分はここにいるのだろう」

「世界はなぜこんなにも残酷な場所なのだろう」

「自分は死んだらどうなるのだろう」

という、答えの出せない問いでした。

　どのような答えにも満足できなかったわたしがずっと感じていた「こんなはずではない」という思いは、『奇跡のコース』（"A Course in Miracles"）を書き取ったヘレンさんとビルさんの『There must be another way.』に通じるものだと思います。


　誰もがいつかここにたどりつきます。まったくうまくいかない人生に対して、たとえうまくいっても想像していたような幸せが手に入らない人生に直面したとき、心の奥底で「そう　もうひとつ別の方法があるんだよ」と、ささやきかける声が聞

こえてくることでしょう。

ヘレンさんにイエスが答えたもうひとつの道にわたしもまた出会い、その教えとともに生きることを選択しました。


それ以来、わたしの心にそれまでなかったような思いが生まれてくるようになりました。それはとても自然なものでした。自分で考えていたことに対する明確でシンプルな答えのときもあれば言葉にならない、考えの種のようなものもあります。


ここに選んだのは、二〇〇五年から発行し続けている『インナーメッセンジャー』というメルマガで発表したもの、そしてこの本のために書いた私の半生記と、未発表のメッセージ集の三部からなっています。

このようなインスピレーションが誰の心にもあること、そしてそれを確認し大切にすることでこの人生を限りなく幸せに生きられると、これまでの経験からわたしは確信しています。

この本のインスピレーションの多くは、わたしのクラスでともに『奇跡のコース』を学んでいるみなさんの体験がきっかけとなって生まれたものです。そしてわたしの日々を支えてくれているパートナーもまた、その聖なる源泉のひとつとなってくれています。
わたしの心につながっているすべての存在への感謝とともに。

川上貢一

インナーメッセンジャー　目次

1 Beyond the universe
～宇宙の彼方から

2 Is this HEAVEN? ～ここは天国かい？

Letter from Home 〜故郷からの手紙 3

1
Beyond the universe
～宇宙の彼方から

愛を与えるとは　01

攻撃は「どうか私を愛してほしい」という
愛を求める叫びであるとしたら
あなたはその求めに応じて愛を与えることができると
相手から認めてもらえたということ

あなたが誰かを攻撃するときも
同じく相手を愛だと認めているし
それを与えてほしいと願っているだろう
このように本当の姿を見る決心があれば
すべてを与え　受け取ることができる

与えることで増えるものだけが
本当に与えられるもの
与えたら失ってしまうものを誰かに与えるとしたら

それは奪っている
与えたものはあなたを離れない
与えたものをあなたがどう評価するかで
相手の心に何が起きるかが決まる
もしあなたが失ったと思うなら
相手の心の中でも何かが失われる
与えたあなたが幸せなら
相手も幸せでいられる

愛を与えるとは　02

「相手がすでに持っているが自分では認めていない愛を完全に認めること」
いまは一時的にそれを見失っているにすぎない
あなたが与えることで
それが再び見出されるだろう
そしてあなたのなかでは
愛が以前よりも確かさを増したように感じられる
あなたは自分が持っていないものを
誰かに与えることは決してできないのだ

修正について

修正すべきことは　何一つ本当には存在していない
神が創造したものは　修正することはできない
それは永遠なのだ
この夢の世界が存在していると信じている間のみのことだが
ここで唯一可能かつ有意義な修正は
「修正すべき問題が存在している」というあなたの思い込みだけ
そのことに気づいたら
「修正すべきことが起きているという世界自体が存在していない」と
あなたの心の聖なる祭壇の前で
静かに認めるだけでいい
自我はこれに対抗することはできない
それは永遠の真実だから
自我はそこから顔を背けることができるが
あなたは一緒に顔を背けることはない

もうあなたの望みはそこにはないのだ
そのときあなたの心に光が満ちはじめるだろう
宇宙に広がっていく
その光に意識を合わせると
たくさんの存在たちが同じように幸せになるだろう
その光を生み出す存在とともに世界を創造することを楽しみたいと
あなたは思わないだろうか

聖霊・真心で生きる

あなたが聖霊
つまり自分の真心で生きる時間をつくれば
それはあなたの知っている誰かだけでなく
すべての兄弟が聖霊に
つまり誰かの真心に触れる幸せな経験を
生み出すきっかけになる
あなたが心で聖霊の思い
「罪は誰にも存在していない」という真実を受け入れること
それが贖罪であり奇跡を行うこと
そのときあなたの心は永遠の平安を感じる

すでにあなたの知覚は変化しはじめている
かつて見えていたものが見えなくなっている
時間はあなたを縛るものではなくなっている

あせることもいらいらすることもほとんどない
いらいらしている人に出会うことすらめったにない
彼らはもともと存在していなかった
あなたがその存在を望んでいる間だけ
それは存在していた
あなたは自分をゆるした
あなたは自分が何を望んでいるか
ようやく気がついたのだ
あなたが愛以外に気づかなくなることを私は保証する
あなたは私とともに決心した
私はあなたを信頼している
あなたが立ち止まることがあっても後戻りすることなどないと
戻っても欲しいものは何も見つからないと
あなたは知ったのだ

正しさについて

永遠の愛を認めている心は霊に満たされていて
相反するものをもたないのだからいつでも正しい
愛を求める叫びとしての攻撃は
永遠の愛の価値を認めているのだからやはり正しい
では　正しくない心などというものが
いったいどこにあるというのだろうか
心が正しくないと自分で信じることはできたとしても
間違って幻を信じたに過ぎない
それは何もひき起こせない
始まりがあるものには
必ず終わりがある
それがあなたの作り出した世界の法則
時間があるためにそれが因果関係と呼ばれ
確固たるルールのように見える

もしそうであるならば
罪は死をもってあがなうことしかできない
死をもってしても本当にあがなうことなど
決してできない
死によって罪が確定してしまうのだ
罪が消えることのない世界
あなたはそんな世界がよいというのだろうか
よいはずがない
それは牢獄のようだ
しかもあなたは無実の罪で投獄されている
なぜ「こんなことはおかしい」と上級裁判所に訴えないのだろう
そうすればあなたの罪はすべて却下される
聖霊の裁きはいつでも同じ
あなたに罪のないことは
神によって完全かつ永遠に保証されている

知覚の世界

見る 聞く 触る 嗅ぐ 味わう
という知覚の世界を
作り出したのはあなた自身であって神ではない
神の創造と知覚とは何の関連もない
あなたが創造の力を知覚する力に変えたことで
創造の力はほとんど失われたかのように思われる
まるで自分の外側に膨大な空間があり
そのほんのわずかしか
自分の力を行使できないかのように知覚するのだから
自分の心の内側でさえ
力はほとんど行使できない
それなのに「もし知覚を失ったら」と考えると
まるで世界を失うかのように感じる
ほんとうはいまのほうがずっと失っているのだ

そんな世界を精魂込めて作り上げてきたことは称賛に値する
あなたはとてつもない事業をやりとげた
自分ひとりの世界をひとりで一から作り上げたのだ
そしてあなたの不思議な望みであった「ひとりぼっち」を
心ゆくまで味わったのではないだろうか
まさに「夢中」になって作り上げたことで
心が夢の世界に閉じ込められて
それから長い時間が流れた
それでもあなたは私の静かな声に耳を傾け始め
この世界を超えた何かを思い出し
落ち着きをとり戻し始めている
あなたの心は孤独に飽きてきた
そしてなによりも疲れている
本来の心を思い出したいとあなたは願っている
それが地上で唯一つ意味のある願いなのだ

聖霊からの招待

考えることではなく
「ただ感じること」が難しいのには理由がある
考えることを優先してきた心にとって
「ただ感じること」は
「意義のあることは何もしていない」ことを意味する
リスクをできるだけ考え
最善の行動をして結果を出すのが正しいこと
意義のあることだと考えている心にとって
ただ感じることに意義を感じられないのは当然
目に見える結果がすべてだと信じているのだから
感じました……それでどう「する」のだろうか
どう行動すれば意義のある結果が出るのだろうか
それでは本当に意義のある結果など決して出ないことを思い知るまで
目に見える結果を出そうとし続けるだろう

それは絶望かもしれない
「もう　どうやってもだめだ」という結論にたどりつくのだから
そう　ひとりでやっても幸せになれるはずがないのだ
幸せは心で感じるものであり
そのために条件は必要としない
もし条件を満たすことで幸せになれたとしたら
それは不幸な勘違いだ
本当の幸せへの道が長引いてしまいかねない
あなたが絶望と呼んでいるものは聖霊からの招待だ
その声は「あなたこそ神の国である」と呼びかけている

愛とは何か

つまりあなたとは何か
兄弟とは何なのか
すべては何のためだったのか
この質問に自分で答えを探すのをやめて
ただ心を開けばそれでよい
すべては必要なときにあなたの居場所で起きる
どこか別の場所ではない
別の場所は存在していない

愛だけを教える

あなたは愛である
あなたが愛でないときに
他の誰かが光り輝く愛のようにみえる
それでもあなたは愛である
そしてただ愛だけが存在する
つまりあなただけが存在している
それをほんとうに知るとき
あなたはひとりではない
愛はすべてであるのだから
すべてとすべて以外を含んだものとして
永遠に存在している
だからただ愛だけを教えることだ
あなたは愛なのだから
愛を教えるために愛であろうとする必要はない

ただただ自分は永遠に愛なのだという真実を保護していればよい
時を待たず
兄弟の心に光となって届くのを
あなたは見るだろう
あなたも光を見失わないで済み
兄弟に感謝するだろう
あなたが愛であることを
その兄弟は証明してくれるのだから
あなたはひとりでは愛がわからない
ふたりなら完全にわかる
こうしてそれがすべてに広がっていくことが
ふたりにわかるのだから
愛が広がっていくときに起きる出来事が
障害に見えることもある
それは過去のというよりも
実際には時間自体の清算だ
時間が私たちを縛ってきたことへの反応として

一時的に起きるにすぎない
それらは時間とともに
もともとなかったかのように消えていく
何一つ心配は要らない
そして私とあなたとすべての兄弟に幸せが現れる
楽しみではないだろうか

さかさまの世界で

あなたが自分で作り出し
そのことを忘れたこの地上という不思議な世界
ここは神を否定したことで
すべてがさかさまになった世界
自分が先を歩いていると思っているとしたら
実際には後ろのほうにいるかもしれない
自分は後ろにいるとばかり思っていたとしても
実際には先頭を突っ走っているかもしれない
もしそうなら
よいと思ったことはそれほどよいことでもない
悪いことであっても同じだろう
ただその実態は誰にもわからないから
地上の評価はあてにならないと知って
評価のために生きるのをやめるとよい

それだけで気が楽になるかもしれない
もし気が楽にならないならば
それは誰かに助けを求めるとき
あなたが何を感じているのかを信頼できる誰かに話すとよい
もし誰もいないなら　私を呼べばよい
私はいつでもあなたの心の中にいる
あなたは必要な場所に導かれて
そこで私と出会うだろう
そのひとを通して私はあなたに感謝を伝える
「私をゆるしてくれて　愛してくれてありがとう」と
そのときあなたは
自分が愛を与えることができることを思い出す
今までも
どんな理不尽な評価のときも
あなたは愛されていた
今まであなたが愛してきたものは
本当に愛したいものではなかったかもしれない

それでも愛してきたことに変わりはない
だからこそ
こうして本当に愛したいものを含めて
すべてを愛すること
幸せにすることが選べる
このことがわかれば
あなたはどんな場所にいても幸せでいられる
あなたはすべての存在の幸せを心の底から
ただそれだけを痛切に願ってきたのだ
それが叶わないということは決してない
それは同時に
私の唯一の願いでもあるのだ

わたしとともに真実は伝わる

真実を知り幸せになったあなたは
それを人に伝えたくなるかもしれない
もしそうでなくても
あなたが幸せならそういう場に導かれるだろう
「あなたにも同じことができる」という真実を
あなたは伝える
そうするとその人の心に
まるで小さな炎が灯ったかのように美しく見える
あなたはそれだけで幸せだ
もし相手がそれを信じなくても
あなたは信じることができるからすでに幸せだ
あなたのことばを本気で受け取る人と
受け取らない人がいるように見えるかもしれない
それは気にしなくてよい

あなたの仕事ではないのだから
考えてみたことはあるだろうか
いまのあなたがこうなるまでに
どれだけの人があなたの代わりにあなたを信頼していてくれたことだろう
「あなたは絶対に大丈夫だ」と
そしてあなたは思いもよらないぐらい幸せになった
あなたはまるで自分でたどりついたかのように思っているかもしれない
それは確かにそのとおりだ
あなたの心の奥での決心がなければ
誰にも手伝うことはできなかったのだから
しかしあなた自身　自分に決心があったことに気づいたのは
幸せになってからではないだろうか
旅の終わりになって
どこに向かって歩いていたのか
やっとわかったのではないだろうか
これは本当に不思議な旅だ
いまあなたは自分の歩いてきた道を

これから歩こうとしている人たちと
限られた時間の中でともにいることがわかるだろう
あなたがしてもらったようにすればよいこともわかるだろう
彼らは何かをしてくれたのではない
ただ幸せに存在してくれていたのだ
あなたとともに
あなたにはできると信じていたから
彼らはただ好きなことに熱中していたのだ
あなたはその信頼を受け取った
いまあなたは信頼を与える側だ
これは地上では名誉なこととさえいえる
それはもともとみなでわかちあっている永遠の栄光と比べるようなものではないが
それでもあなたには価値あるものだ
そのことを幸せに思いながら日々をともに過ごそう
この幸せな夢には限りがあるのだから

有限と無限

有限は無限から生まれた
時間は時間を越えたものから
空間は空間を越えたものから
あなたもあなたを超えたものから
生まれてきた
あなたの過去からあなたが生まれたのではない
あなたは時間の中で生まれたことはない
あなたは両親から生まれたと信じているかもしれないが
その両親をずっとさかのぼって時間の生まれる前に
生まれたときのことは忘れてしまっていた
それでもあなたは
そしてあなたの親たちも含めて誰もが
生まれてきたその源とは離れていない
だからあなたはこの有限の世界でなぜか無限を求める

無限を意図して表現されたもの
自然や芸術の世界でそれを感じる
気づいたらそれだけがあるようにさえ思える
実はみんなの心が源を求めてそこに向かっていると
あなたはそのことを感じるだけで幸せになれる
それはあなたの真実であるから
あなたに永遠の愛を感じさせる
「みんなで故郷にもどろう」と小さくささやいていた声が
いまははっきりと聞こえる
あなたの決心を心から祝福する
本当のあなたであるわたし
そしてすべての兄弟とともに

意味や理由を探すとは

意味や理由を探しているとき
それは自分が幸せではないときだということにあなたは気づいているだろう
本当に幸せなとき
人はその意味や理由を考えたりはしない
幸せを味わい　表現し　わかちあうことに夢中になっているのだから
思考が働く余地はなく
聖霊がかわりに働いている
心が幸せではないという理不尽な状態を
なぜかあきらめとともに受け入れようとするとき
理由が必要となる
不幸せは本来の自分には受け入れがたいことだから
何らかのもっともらしい理由で納得させなければならないのだ
しかしそうする必要はない
あなたは理由を探すために生まれてきたのではなく

ただ幸せなものとして生まれたのだから
わたしとともに再び決心しなおそう
「すべての心にある聖霊の顕れとしてあなたとともに働き
ともに奇跡のような幸せを創造していくことがわたしの本当の願いです」
あなたの知覚する世界はかならず変わる
まるで奇跡が起きたかのように

拡張について

幸せは拡張する性質を持っている
「拡張」は真実の持つ特徴でもある
愛 自由 美しさ 聖なるもの 生命 善
これらの名前で呼ばれている「真実」は
縮小することは決してない
拡張していくのみだ
もし世界がそのように見えないとしたら
自分の見方が間違っているということ
もう自分が間違っているほうが幸せだと
あなたにはわかってきたのだから
見方を変えてもらえるように聖霊に頼めばよい
そうすればいつでも幸せが心に蘇ってくる
わたしはそのときをずっと待っていたのだ
見逃したりしないし

恐れのための余地をあなたの心に残しはしない
いま幸せだと感じているなら
それは　もっと幸せになれるということ
いま生きているなら
もっと生きられる
いま自由なら
もっと自由に
すべていまよりもさらに拡張していくものだ
どこまでも
あなたこそが真実であり
真実に限界は存在していないのだ

裏切りについて

あなたは誰かに裏切られた
見捨てられた
もしくは誰かを裏切った
見捨てた
と信じてきたかもしれない
それができるのは自我だけであり
そう「された」と信じているとしたら
自我と自分を同一視してきたということ
すでによくわかってきたように
自我はどこであっても
ただそれだけをし続けている
これからもそうし続けるだろう
しかし自我は実在していない
だからあなたは誰かに裏切られたことも見捨てられたことも

誰かを裏切ったことも見捨てたことも実際にはないのだ
あなたは「自我は自分ではない」とわかってきたのだから
心を変えるとは
自我ではないものとして生きることだ
そうすることで自分が何者かを自分自身に証明できる
そのための証人があなたのところにやってくる
証人はあなたの心に真実を告げる
「あなたは私のすべてを愛してくれた　ありがとう」と
この世界であなたが体験することは
あなたはもちろん　他の兄弟たちの体験に決定的な影響を及ぼす
あなたはどんな影響を及ぼしたいだろうか
すべてはあなた次第だ
あなた以外の誰にも決定権はない
わたしとあなた以外には誰もいないのだ

眠っていても

あなたが眠っていようと目覚めていようと
わたしがあなたを愛していることに変わりはない
あなたはただ子どものように眠っているにすぎない
あなたは眠ってしまったが
たったそれだけのことでわたしがあなたを愛さなくなる
そんなことがあると思うだろうか
わたしはあなたが眠っているときも愛している
目覚めようとしているときも愛している
目覚めているときにも愛している
そして眠っていても
あなたがわたしを愛してくれていることはわかる
あなたはわたしとともにいて
安心していたからこそ眠った
もし完全な平安のなかにいなかったとしたら

眠りに落ちることはなかっただろう
あなたは疲れて眠ってしまったわけではない
退屈だから眠ってしまったのでもない
ただいろいろな夢を楽しんでみたいと思っただけなのではないだろうか
そして今度は夢から覚めるのが
楽しみになってきたのではないだろうか

力について

あなたには想像もつかない力が
あなたの心にある
その全貌は宇宙の内側ではわからない
それは力という概念を超えているから
この宇宙の外側から眺めたときだけ
知ることができる
あなたにはとてつもない力がある
それを全員とわかちあっている
もしもそれを自分だけにある
自分以外の誰か（神）がもっていると考えたとたん
その力はまるで魔法のように消えうせて無力感が残る
どう考えるかによって
その力の存在に決定的な影響を及ぼすのはあなたなのだ

同心円としての心

物質は想念から生まれる
想念は想念から生まれる
物質自体が想念を生み出すことはない
ただ物質を見て何かを感じた人の心が
その物質に関する想念を生み出すことはある
あなたの心は想念を生み出すものとして生まれた
想念を生み出すものは常に想念を生み出し続けている
だからあなたの心を生み出した想念
その源となった想念はいまでもある
どこかほかの場所に
ほかの誰かにではない
あなたの心の中心に
それはみんなの心の中心でもある
同心円であるわたしたちの心はその中心でわかちあわれている

あなたはそこで生まれたときのまま
永遠に祝福されている
ともに想念を生み出し続けるものとして
あなたが祝福を送ると
みんなとともに中心で受け取ることになる
同時に起こるのは
それが同じひとつの中心にあるからだ

準備と決心

準備が必要なのではない
必要なのは決心だ
この「自分は何を望むのか」という決心についてはこんな言い方もできる
知っている世界をただ繰り返すことのかわりに
まったく知らない世界を思い出すこと
まったく知らない世界のために準備は必要ない
それは不可能だ
何が起きるのかは前もって知らされないが
すべては良いことのためという信頼があれば
決心は難しくないだろう
その決心をしたくてあなたはここにいる
納得するまでやってみたかったのだ
ずっと繰り返してきて
自分の決心が世界に影響を及ぼすことが

あなたにとって紛れもない事実になってきたのではないだろうか
そして
あなたが決してできないと長く地上で信じていたことが
目の前に残っている

本当の選択とは

あなたはもともと持っていた創造力を
選択する力に変えた
選択に変えたことによって
創造が可能かどうかわからないものに変えた
そうしてしまったことに罪の意識を感じ
選択に際して緊張したり　面倒になったり
どの選択肢にも違和感を覚えたりしている
そう　もともとのあなたは選択の必要のない
まったく自由な永遠の存在だったのだ
そしてそのように変えたことは罪ではない
あなたの選択で聖霊とともに
すべてをもとどおりにできる
永遠の自由とは選択のない状態
時間に限りがなければすべてが可能だ

最後に残った選択は
自分を永遠の自由にふさわしいと思えるかどうかだ
この選択にすべてがかかっている

前提を変える

あなたが心の底から成し遂げたいと願っていることは
実はすでに成し遂げられたこと
他の誰でもない　あなた自身によって
努力は成し遂げるためのものではない
成し遂げたことを確認するためのもの
そしてその努力は終わる
あなたはいつまでも確認をしたいわけでは
きっとない
あなたはただ自分自身に目覚める
目覚めているとどんな気分だろうと自分の心に聞いてみよう
こうすると「目覚めていない」という前提を
「目覚めている」という真実へと
変えていくことができる

祝福とは

誰かの姿が間違っているように見えたときは
わたしとあなたの力で祝福に変えることができる
誰かの姿を通して自分の間違いを発見したことで
もとに戻すことができる
間違いの訂正は
あなたの役目ではない
あなたの役目は
間違いをおかしたことなど一度もない存在として
聖霊に永遠に愛されていることをただ受け入れること
自分の受け入れた愛がほかのすべての心でわかちあわれるとしたら
愛は受け入れるに値するものではないだろうか

変える意義があるもの

唯一変える意義があるのは
「問題が存在している」という前提
「問題が存在している」という前提を支えているのは
知覚したものが存在していると信じていること
しかし知覚された世界は錯覚だから
「もしかしたら世界そのものが存在していないのかもしれない」
という不安が常に生まれる
だから錯覚の世界で
「何かが正しくあってほしい」と願う
しかしその願いはかなわなかった
なぜならば正しいのは「あなた」だから
自分を除いてほかの場所を探しても見つからない
自分が天国だと知ったら
ほかの場所を探すのをやめるだろう

それを「いつにするか」だけが選択として残る
そうする気があなたに本当にあるかだけだ

未来は過去からくる

あなたの罪はわたしに任せておけばよい
そのためにわたしはあなたの後ろにいる
あなたの目の前には
過去の経験に基づいた知覚の世界が広がっている
あなたの後ろにいるわたしとともに
過去のすべてをゆるして解き放つと
未来が変わる
あなたがひとりで前を向いているとき
わたしは後ろにいる
いまあなたはこうして日々わたしのことばに耳を傾けてくれている
あなたはわたしを信頼するに足ると決めてくれた
わたしはそのことに心から感謝している
わたしの感謝はわたしとともにあるあなたの心を通して
はじめてこの地上に伝えることができるのだ

新しいときを迎えて

今日あなたはすべてを祝福する
自分の世界に祝福が満ちている
あなたも祝福されている
あなたの世界とあなたはひとつなのだから
祝福はさらなる祝福を生み出す
新しい一日が祝福で始まるなら
どんなときでも祝福が失われることはない
それは永遠のもの
わたしはあなたを祝福する
あなたがすべてをゆるし祝福してくれていることに
わたしを祝福してくれていることに対して
あなたは祝福を受け取るだろう
時の始まる前から祝福だけが実在している
あなたがそれを自分で見出した

もう失われることはない
祝福そのものであるというあなたが
すべてを祝福しているのだ

助けること

あなたが揺れても揺れなくても
誰かが揺れようとも揺れなくとも
世界が揺れようとも揺れなくとも
それは決して揺れることのない
なにかが土台になっているからこそ可能なこと
子どもの遊ぶブランコが決して動かない大地に支えられているように
あなたの心は決して動くことのない土台に支えられている
それがわかると本当に誰かを
世界を支えることができる
たとえなにひとつできることがないときでも
最大で最善の支援を行うことができる

透明な手紙

「自分の外側に何かを探さない」というのは
「どこにも出かけずにひとりで自分を見つめなさい」という意味ではありません
それは「わたしは自分の内側にある聖なるもの　美しいものを外側で見る」という
決心をすることです
この決心があれば
あなたは「行きたい」と感じる場所に自然に導かれます
そういう決心のもとで出かけていくと
そこで自分の光を外側の世界に見ることができるのです
あなたはひとりでは光を見つけることはできません
その光はわかちあわれるものとして存在しているのです
その光はそこで出会ったものの心を超えてさらに誰かの心に広がっていきます
そしてそう遠くない未来にその光とあなたは再び出会います
そのことを忘れているあなたはまるで突然
理由もなく優しくしてもらったように感じてとても幸せになるでしょう

大きな羽

あなたが自分ひとりで広げていた羽を
休ませるときがきました
もうひとりで飛ばなくてもよいのです
羽を休めたら
今度は見たこともない美しい羽が舞い降りてきて
あなたを包んで一緒に飛ぶでしょう

故郷への旅

わたしは歩いてきた道を引き返すことにした
引き返すのは勇気がいる
もうこれ以上行っても何もないと判断しなければ
引き返せないのだから
まだこの先に何かがあるかもしれない
そう思ってこんなに遠くまでやって来た
何も得ずに引き返せば
これまでの道のりを無駄だと思うかもしれなかった
けれど引き返す道に
行くときには目に入らなかった風景が広がっていた
自分が反対側からしか見てこなかったことが
引き返す道ではよくわかる
引き返すにしたがって心が弾んでくる
なぜだかわからないけれど

何か嬉しいのだ
帰り道は楽だ
知っている道だから早く感じる
それだけではない
自分がどこからやって来たのか
だんだんと思い出されて来たのだ
出発したときのことを長く忘れていたけれど
故郷がなくなったわけではなかった
故郷を出てみたいという試みが
こんなに長い旅になるとは考えてもいなかったけれど
故郷に向かっていることで
いまこんなに安心して歩いている
わたしは誰よりも何よりも故郷を愛している
みんな自分を知ってくれている
そしていつまでも待っていてくれたのだ

障害物

あなたが計画を成し遂げるためには
その障害物が必要だった
そしてそれは無事に終わった
前半が終わり後半が始まる
忘れていた計画
本当の願いが心に思い出されてくる
再び選択するときだ
幼いころからあなたがずっと願っていたことがいま目の前にある
あなたがひとりでなければ無事にやりとげるだろう
ひとりであればどんなに条件がそろってもうまく進まないだろう
あなたは実際にひとりではない
ひとりになろうとするとそのことで余計なエネルギーを使ってしまう
すべてが自分とひとつになってともに進んでいるという信頼があれば
あなたはほとんど何もしないですべてを達成するだろう

怒りについて

怒りが生じるのは
「自分の世界が自分の思い通りにならない」ときだ
ところが実際に自分の思い通りになったときにわかるのは
それが思っていたほど嬉しくはないということ
それはひとりぼっちで支配者になることだ
もし支配できたとしても愛されているわけではないなら
それがどうして幸せだろうか
愛がすべての心に働くなら
支配は不要になる
支配と愛は無関係なものなのだから
あなたの心は支配されることを望んではいない
だから支配することも本当に望んでいるはずがない
支配は愛への恐れを一時的に隠すこと
それだけが目的であり可能なことだ

一時的にしか隠せないとわかっているからこそ不安定なのだ
だから強く見せる必要がある
しかし実際にはただ不安なだけ
これを認めれば
あなたは癒される

永遠の世界の力

時間の世界と永遠の世界が出会うのは
あなたの心の中だ
そしてあなたが扉を開けば
永遠の世界の力が時間の世界に流れ込む
永遠の世界の力は
時間の世界に奇跡となって顕れる
長く閉ざされていたその扉には
自己憐憫　罪悪感　許せない人への批判など
いろいろな古いメモが貼り付けてあるが
糊が弱くなって今にもはがれそうだ
それらを読む必要があるわけではない
はがす必要があるわけでもない
あなたはただ扉を開けるだけでよい

知覚について

あなたの心は
信じているものを知覚している
心が信じるものを見るために
知覚を作り出した
知覚は外側のかたちを見るものだ
心の内側を見ても
そこにあるものの外側だけを見ている
もし幸せを感じないなら
外側を見ている証
しかしあなたの心は本当の幸せを感じることができる
心は知覚を超えた世界から
常に呼びかけられている
あなたはそれに応えることができる
いったい何が自分を呼んでいるのだろう

なぜ自分を呼んでいるのだろう
あなたの旅はこうして始まり
本当に始まったとたん
終わる

愛を学ぶこと

愛の学びが何かを犠牲にすることはない
もしそうなったら
愛の意義を本質的に失ってしまう
それは愛から離れることで十分学んだこと
これは学ぶことが愛からさらに離れることと混同される理由でもある
自分を学ぶ立場におくとは
常に自分を不完全なもの
つまり不安な状態におくことを意味する
それでもあなたは愛を学ぶ決心をした
愛の学びには過去も未来もない
それはいつでもすぐ目の前にある
愛とはすべてを保護すること
それはすべてを手に入れるのと同じである
何一つ犠牲にしないと決心することで

あなたが犠牲にされることも終わる
あなたもまた神の手に入れてもらうのだ

決心Ⅰ

いつまでも何も考えない子どものような存在であり続けたあなたが
自分の世界に起きたことを誰のせいにもしないと決心したこと
それ自体がほんとうに奇跡的なこと
わたしはあなたを誇りに思っている
無責任な子どものままでも
いつまでも子どもでいるのをやめようとしているいまも
そしてときには打ちのめされ
へこたれて自分の決心を後悔するときも
わたしはいつも愛している
あなたの心の真ん中にいる
あなたをおいてはどこにもいかない

決心Ⅱ

私は聖霊の知覚で見ることを決心した
だから見ているものは聖霊の見ているもの
それは愛か愛を求める叫びのいずれかだ
私に愛を求めて叫んでいる兄弟は
私を愛だと認めてくれている証人たち
私は愛する
聖霊の働きがいつでも彼らの心とひとつとなった
私の心に奇跡を呼び起こし
平安を取り戻させてくれる
この世界には何も起きていないという
私の信頼心をあなたに捧げよう
一瞬一瞬がそのための時間であり
わたしたちは時間の終わりに向かう

記憶の目的と働き

あなたが恐れから自由になるにつれて
記憶の目的と働きは変わる
聖霊とともに記憶をその本来の姿である愛に戻せば
兄弟の過去を癒し
未来を解放するものとなる
あなたの心は
いまの幸せの必然的な延長としての「未来」を楽しむことになる
この「未来」は
時間の中で可能性としてあるのではなく
決して変わらない真実としていま存在している
未来という呼び名はふさわしくない
それは永遠なのだ
そう　あなたは永遠に生きている
あなたにとって時間の世界はすでに魅力はないだろう

それはもともとなかったのだ
いつでもあるものがどれほど魅力的なものかを
あなたはついに思い出した

夢の終わり

世界がただの夢だとわかったあとでも
「自分はなぜこんな夢を見たのだろう」と尋ねたくなるときがあるかもしれない
この質問は「夢が終わっている」ことに気づいたときに心に浮かぶもの
その夢を終わらせたくないという
あなたのとは別の意思が思いつかせた質問
「夢は終わっている」
あなたにとってはそれ以上の意味はない
あなたの「愛を受け取る」という決心に応じて
いつでも世界が新しく創りだされていくときに
すでに終わった夢にどんな意味があるだろう

問題はどこにあるか

もし問題があなたの知覚が主張するとおりに外側にあるとしたら
それは地獄のような悲劇だ
あなたには何一つとして解決できないのだから
解決ということばに振り回されて
戦い　逃げ　対応策を練るなどしなくてはならない
だが一切解決はない
何よりもあなたは腹を立てている
なぜ自分はこんなことをしなければならないのかと
そのとおりだ
なぜこんなことをしているのだろうと質問するべきだ
そして「こんなことはもうたくさんだ」と決心をする必要がある
あなたの心は扉の前に導かれる
あなたの知っている世界を超えた力が存在している
あなたの心はそれに気づくだろう
どうしていままで気づかなかったのだろうと

不思議に思うだろう
あなたは誰なのか
周りの人は誰なのか
自分はどこからきたのか
そしてどこへいくのか
どうすればよいのか
その答えはあなたの心が知っている
心に従うほんの少しの勇気があれば
それで十分
あなたには奇跡があたりまえになるだろう
あなたは自分が何者かを思い出したのだ

数について

あなたとわたしという「ことば」は分離を前提に使われる
だから「それはふたりではなくひとりなのだ」という訂正を常に要する
またひとりとは「1」を意味しているが
この「1」は同時に「2」や「3」でもあり
同時に他のいかなる数でもあるというように
数の概念も訂正を要する
数は投影された分離の世界でのみ有効な限定的かつ暫定的な概念
他のすべての物質的存在の基盤であるとはいえ　それ以上ではない
あなたが「数」を作り出したのだ
いつでも重要なのは　すべてを作り出し維持している
あなたとわたしの「力」を認識しなおすことだ
「その力は何のためなのか」
これは常に自分に確かめる必要がある
その力を何に使うかは完全にあなたの自由なのだから

あなたが信じられないこと

『この世の本当の目的は　それを使ってあなたが信じられないと思っているのを正すこと』
（『奇跡のコース』テキスト第1章6―4―1）

あなたが信じられないこと
この世界は始まっていないこと
死は存在しないこと
あなたにまったく罪がないこと
自分の世界を作り出す力があること
すべてが与えられて
いまでもすべてを持っていること
本当は誰もが完全に幸せであること
あなたが天国であること
誰もがすでに目覚めていて
眠っているのは自分だけだということ
みんなはただ自分を起こしに

助けにきてくれているだけだということ
神があなたを愛していること
そして何よりも
あなたがこれ以上ないほど強く神を愛していること

愛の例外

「神はあなたの見るもののすべてのなかにいる」
これは正確にはあなたの見るもののなかに
わたしとあなたがともにいるという意味になる
あなたが見るもののすべてのなかにいるだけでなく
あなたが見たことのないすべてのもののなかにも
あなたとわたしがいる
あなたは地上で行ったことのない場所があると信じている
宇宙についてはなおさらだ
しかし実際にはそういう場所は存在しない
あなたとわたしがいない場所
つまり神のいない場所は存在していない
それは不可能なこと
あなたの知っている宇宙という枠を超えて
あなたは存在しているという真実を受け入れるなら

あなたが知っていると思っていることが
それに比べていかに少ないかがわかるはず
実際には何も知らないに等しい
これはあなたを評価しているのではない
あなたは評価の対象ではない
あなたは愛の結果であり
同時に愛そのものであってそれ以外ではありえない
神の愛に例外があるとしたらそれはどんなものかという空想が
あなたの知覚してきた世界
実際には何一つとして愛に例外は存在しない
あなたが愛から離れることは不可能
そのようにあなたは創られたのだ

贖罪の機会

もし誰かが聖霊の声を聞いていないように見えて
あなたががっかりするなら
声を聞き損なっているのは自分だと気づくとよい
それで本当に助けることができる
あなたの心にあるわたしとの関係が
あなたの目にするすべての兄弟の姿にあらわれているのだ
すべてがあなたのためにあるとはこのこと
あなたは兄弟の姿によって自分を知ることができ
間違いを正してもらえる
あなたの心にこのような余裕がないときは
いつでも贖罪を受け入れるときだ
私は何度でも伝える
「あなたは何一つ間違っていない」と

時間は存在していない

時間は存在していない
それはあなたが作り出したもの
長引かせることも
短縮することもできる
あなたが「時間がない」とあせっているときは
時間を引き延ばし
天国より地獄を選んでしまっている
決して時間の足りることのない世界を作り出した自分をまず攻撃し
そのうえで兄弟からの反撃を恐れている
こうして天国の平安は失われる
つぎに「時間がない」と感じたときには
別の良く似たことばを思い出してほしい
「時間は存在していない」
「時間のなかに平安はないが私の心は平安の源といまも一つ」

こう考えることで時間と空間を私の支配に戻し
あなたの心には平安が蘇るだろう
これはあなたが時間のなかでできるもっとも有意義なことだ

宇宙の色

あなたは宇宙と聞いてどんな色を思い浮かべるだろうか
何もない真っ暗な真空の宇宙空間が広がっている
星が遠くに瞬いてはいるが
その光は遥か遠く
容易に手が届きそうには見えない
まったくの虚空に小さな自分が頼るものなく浮かんでいる
まるで砂漠のような世界だと思えるかも知れない
そんな場所でいったい誰が自分と宇宙がひとつだとわかるだろう
それはあなたの知覚では決してわからない
知覚は「生命のない世界は存在していない」という真実を隠すために
あなたが心の中に作り上げた壁のようなもの
それが正しく壁であると知ろうとしたあなたの心の力に対して
壁はまったく無力なもの
あなたは壁の向こう側へ導かれる

そのとき壁が隔てる空間などは存在していなかったということを知る
今となっては壁が存在していたということさえ疑わしい
それほど宇宙は美しい
あなたのことばは何一つそれを表現できない
ことばはことばを超えた世界のために使うときに意義あるものとなる

感動するということ

聖なるもの
善なるもの
美しいもの
これらを創造するために
あなたは生まれた
創造は心の平安から生まれる
その平安はあなたの源
永遠からくる
時間の外からのものが
時間の中にあらわれる
それらは時間の中では
はかないものであっても
誰の心にも永遠の故郷を思い出させる
あなたの感動はいつでもそういうものだ

解釈は時間に依存する

あなたが恐れているときは
「これから何か思わしくないことが起きる」
「何らかの思わしくないことが起きた」
と考えているときだ
これらは過去と未来が存在する前提でのみ存在する
だから実際には存在していない
いまあなたの目の前では何も起きていない
いまという瞬間に解釈可能なことは何も起きていない
解釈は過去と未来を存在させなければ不可能
解釈がないときに恐れることは不可能
恐れたいという願望が過去と未来を心に生み出す
あなたは恐れていたいのだろうか
それとも平安でいたいのだろうか

願望と意図

「願望する」とは不可能な前提を受け入れること
それは何かを持っていないと表明しているのだから
本来の自分ではいたくないという決心になる
これは不可能なことだから空想でしかありえないが
空想だと思わない限り
空想はあなたにとっての真実となる
「意図する」とは
自分の意図は神とひとつであると認めること
このような心の状態において
あなたの意図が達成される
神の意図は
あなたの完全な幸せなのだから

不可能な葛藤

何かに迷っているとき
あなたの心には
「どちらでも好きなほうを選べばよい」という声が聞こえるようになった
そう　どちらでもよい
「あなたが何一つほんとうに困ることはない」とその声は語る
あなたはそれを信じるだろう
それに根拠はないが真実だ
真実に根拠という考え方はなじまない
根拠とは目に見える何かを土台にすること
真実は目に見えるものごとをはるかに越えていることを
あなたの心は覚えているし
それを忘れ去ることは誰にとっても不可能
そしてもう一方の声はまるで地獄でも見ているかのように
「こうしたほうがよい　こうすべきだ」といい続けている

この声はあなた自身の心の平安と自由を奪うだけでなく
他者の平安までも奪う力がある
どちらの声に耳を傾ければ幸せなのか
これ以上ないほどはっきりしている
これが二つの声の間では葛藤がありえない理由
この二つは迷うような選択ではない

探求の終わり

あなたは誰かが肉体を離れたあとで
その人が心の中で生きていると表現する
これはまったく正しい
正確に言えば人は心の中だけで生きている
心の外側の世界
知覚の世界はただ存在すると信じることができるだけで
実際には存在していない
あなたの心という永遠無限のものが真実
それを知覚することはできないが
存在を感じることはできる
それが存在していると考えるだけで
あなたの心には平安と喜びがよみがえる
そのような心が実際に何を成し得るかを
あなたは知ることになる

あなたの探求は終わっている
長い旅の終わりを手伝うという
幸せな仕事だけがあなたのために残っている

和解

あなたはゆるしたか
あなたは真実を知ったか
あなたは和解できたか
と聞かれているのではない
ゆるす気があるか
真実を知る気があるか
和解する気があるのか
と聞かれているのだ
あなたにはほんの少しだけ
その気があればよい
あとはあなたと一つになった聖霊の仕事であり
あなたはその果実を受け取って幸せになるだけだ
そして本当に幸せになったら
あなたはこの世界に生まれてくる理由はなくなるだろう

理由がなくなれば世界は元の姿に戻る
そのときすべてはあなたのものだ

二人ではなく三人で目を覚ます

「私は目覚めているが　あなたは目覚めていない」とあなたが考えるときは
二人とも目覚めていない
そして二人のうちの一人が目を覚まそうと
再び愛を見る決心をすると
実際には三人のうちの二人が決心することになる
わたしはそのためにあなたとともにいる
この決心が目覚めていない人は実在しないことを思い出させ
わたしたちは三人で一緒に喜べる

奇跡を生きる者

自分は誰の役にも立っていない
自分には何もできないと心の底から嘆き　悲しむことができる者よ
あなたに祝福あれ
あなたはどれだけ愛する人を助けたいと望んでいたか
あなたが真剣に愛そうとしたことをその涙が示している
あなたはその愛によってすべてを助けてきた
あなたの愛こそが兄弟の心に愛を思い出させる力だ
いまあなたの目には愛が見えているはず
他のすべてが見えたのに
ただ愛だけが見えなかったこの世界で
あなたはただ愛だけを見ている
あなたはすでに奇跡を生きている

絶望と祝福

一切の努力は無駄である
未来に目標を置いて
あなた以外の何かになろうとする努力はすべて無駄に終わることに
あなたはもう気づいている
未来は存在していない
そこで幸せになることはできない
いまあなたがいるその場所以外で
幸せになることはできない
もともと空間や時間という想念は
「いま幸せである」という永遠の真実を隠すためにあなたが作り出したもの
あなたが努力する価値のあるものは
この時間と空間の世界には存在しない
価値のない世界を作ったあなたが
それを求める努力が無駄であると知るのは当然のこと

これは絶望と同時に祝福である
これまでのやり方ではもうすべてがだめだという絶望によって
あなたは最後に努力するに値するものを見出す
本当にあなたの努力に値するもの
それは人間は努力など一切しなくても
もしくはできなくても
神から与えられた完全な価値があることを
自分と兄弟に教え続けること
あなたのこの新しい努力は必ず報われる
この真実を受け入れることで
何も価値のあるものがまったくないように思えたこの夢の世界でさえ
あなたは完全な幸せを見出せる

与えることと受け取ること

与えることと受け取ることは一つといわれた
心が一つであることを体験するとき
あなたは受け取ると同時に与えていることがわかる
どちらも自分なのだ
誰が与えたか
誰が受け取ったかを気にすることはなくなる
幸せとは　すべてが同時に幸せであることが条件
他の誰かが別に存在しているという知覚の世界でのみ
不幸せが生じる
知覚はそのように働くが
あなたがそれに従う必要はない
知覚はあなたの心に従う
心が何を見たいかによって知覚は変わる
あなたが愛を見ると決心するとき

知覚は聖霊によって変えられる
あなたが聖霊と一つであり
私と一つであるから可能となる
自分を知ったあなたに
これ以上知るべきことはない
伝えるためにただ存在しているだけでよい
私はあなたを連れていく
私もあなたに連れられてどこにでもいく
みんなで幸せをわかちあうために

金魚の不思議な夢

幻の中のすべての悲しみを癒すとは
自分が見ている幻の「素材」は神の愛であり
たとえ幻の中にいても
いつでも神とともにあるという平安を取り戻すこと
金魚が水の外に出たら生きていけないように
あなたも神の愛の外に出ることはできない
ただ金魚は水の中でときどき眠りに落ち
「自分は水から出て干からびそうになっている」
という不思議な夢を見ることはある
この悪夢を見ているときでも
金魚はちゃんと水の中にいて生きている
もし死んでいたら悪夢を見ることさえできない
悪夢を見ているということが
金魚が無事に生きていること

あなたが神の愛の中で無事でいることの明らかな証明
金魚は悪夢の中でも
この夢が覚めたら自分はちゃんと水の中にいるらしいと
学ぶことができる
そして実際に少しだけ夢から覚める
すると自分が本当は水の中にいることがわかる
そうなればもしまた悪夢を見たとしても
安心していられるだろう

映画館の外へ

あなたの世界はずっと
悲しい物語　恐ろしい物語　救いのない物語だけが上映される映画館に似ていた
あなたはそのドラマがどれも同じであることに気づき
つまらなくなり映画館の外に出ようとした
ところが映画に不平を言って外に「出よう」としていると
なぜか外に出られない
あなたは不自由さに腹立たしくなる
自分と同じようにうんざりしている隣の観客に
「こんな映画館からは一緒に出よう」というと
「確かに退屈な映画だ」と口では言うのになぜか外に出ようとしない
自分は外に出たことがあるという人にどうしたらいいか聞いても
答えはそれぞれに違っていて信頼できない
あなたは自分が本当は映画にではなく
そういう観客たちに腹を立てていることに気づき始める

あなたは混乱し途方にくれる
「いったいどうすれば外に出られるのだろう」とあなたが心の中で聞いたから
私はあなたの心に答える
あなたは外に出る必要はない
あなたに見えているものがただのスクリーンに映った物語であり
実体のないものだと気づけば
あなたに恐れはない
そのようにして今までと違った見方で見ると
どんな映画であっても楽しめる
するとうんざりしていた他の観客たちも
あなたと一緒に映画を楽しむすばらしい仲間になる
映画が楽しく仲間が自分と一緒に楽しんでいるのに
なぜ映画館の外に出ようと思ったのだろうと
あなたは不思議になる
そうだ　自分はもともと映画が見たかったのではない
映画館の外に出たかったのでもない
ただ他の観客・仲間と一緒に楽しんで幸せになりたかったのだ

今あなたはそういう場所にいる
あなたは外に出る必要はない
あなたはもともと天国にいたのだ
あなたの目には
今まで見たこともない
奇跡のような映画が上映されている

宇宙の始まりと終わり

あなたはずっとひとりぼっちで生きていると信じてきたが
そうではないとわかった
今あなたは「祝福」という
まったく馴染みのなかった不思議な響きを持つ言葉の意味を知った
自分が何の条件もなく祝福されているからこそ
あなたはすべてを祝福できる
今のそのままの自分が祝福そのものだという真実を受け入れるとき
世界のすべての生命が同じように祝福されているとわかる
そして彼らはあなたと一つの源をわかちあっているから
同じように祝福する
こうして祝福は終わらない波のように
どこまでも永遠に向かって
空間の終点に向かって近づいていく
そしてあなたの心は知る

「あるとき虚無から突然この宇宙が生まれた」という
宇宙のはじまりの話をずっと信じてきたけれど
何もないところから突然何かが生まれることなどないということに

一つの思考体系から生まれたものはそれを強化する

「自分は他の人とは違っている特別な存在だ」
「自分は他の人となんら変わらない平凡な人間だ」
「自分は他の人より劣っているだめな人間だ」
あなたは心の奥でこの三つのうちのどれかを強く信じてきたことだろう
この三つからあなたが一つを選んだことで
それにふさわしい経験を作り出してきたから
どれか一つを「真実だ」と信じたかもしれない
ところがあなたは心の中で
相反する三つの考えを行ったり来たりしていたことも知っている
あるときは「自分は人と違っている」と思い
別の日には「自分はまったく平凡な人間だ」と思う
「ある点ではこの人より優れている」と思っても
「他の人と比べれば劣っている」と思う
そうしているうちにあなたは自分に対する確信が持てなくなる

「自分のことがいったい何なのかわからない」と
そのようにして長いときを過ごしたあとで
あなたは「なんでこんなことになったのだろう」と
わたしに問いかけた
これはもっとも重要な質問だ
だからいまからいうことをよく聞いてほしい
相容れないように見える三つの考えは
同じ一つの思考体系から生まれたものだ
つまり三つとも同じ一つの信念を強化する働きをしているのだ
それは「自分とは別の人間が存在している」という信念
この一つの信念から無意味な比較が生まれる
これを信じればあなたが確信を持てなくなるのは当然
それは自分と兄弟を分離した存在
つまり「存在しないものを信じる」という立場に置くことになるのだから
あなたは自分をまるで亡霊のようなものにしてしまった
亡霊は肉体のないものだが
それがあろうとなかろうと

「自分がどこから来てどこへ帰っていくのか」がわかっていなければ
あなたは夢の中で彷徨っている亡霊と同じだ
しかし真実のあなたはそのようなものではない
そんな自分を受け入れることなど決してできない
そしてあなたはついに「自分がいったい何なのか」を本当に知る気になった
いまわたしもあなたにこうして話しかけているが
この質問の答えは
いつでもあなたのすべての兄弟が
あなたにわかるまで繰り返し教えてくれる
あなたには答えを教えてもらう気が少しあればよい
「わたしが何なのかを今日出会う兄弟たちから教えてもらうことにする」という
決心とともに　あなたの一日を始めることだ
今日一日わたしはあなたとともにいる
そうやって過ごしてみて決めてほしい
「自分は誰と一日を過ごしたいのか」を

声

あなたの過去の問題は消えた
それらは初めからなかったから
ただ消えていくのは必然のこと
時間のうちではそれが
永遠のようにも思えていたはず
しかし過去に力はない
あなたが力の源だ
そして源と呼べるのはひとつのもの
源がふたつあるのではない
誰もがそのひとつの源をわかちあっているが
誰もがその源のすべてを同時に持っている
わかちあっても一人分が少なくなることはない
これは同じ空間であなたの声を聴く人が増えても減っても
一人に聞こえる音量がまったく変わらないのと同じだ

光

あなたはこの世のものではない光を見ている
ずっと昔から偶然には見ていたがいまは違う
光はあなたの呼びかけに従って見える
何を見るかはあなた次第だとわかってきて
あなたはこの世のものではない光を見ることを選んだ
あなたは光だということばの意味がわかりかけてきたいま
あなたにとってもっとも大切なときを迎えている

いつ光を見るかについて

見たいときにだけ見るという気まぐれなままでいるのか
それともはっきりと光だけを見ると決心するのか
あなたはわたしの決心をわかちあうかどうか
最終的な判断をするときとなった
しかしあなたの判断はわたしと同じだと
わたしにはわかっている
あなたのことをはじめから知っているのだから
わたしはその終りも知っている
わたしはあなたとともにいる

悲しみ

あなたの深い湖のような悲しみは
兄弟の心を透明にする力を持つ
どんなに深い湖であっても
透明であればそこに光が届く
それがどんなにかすかな光でも
兄弟は自分を思い出すことができる
わたしとの約束を果たすと
あなたは決めた
わたしはあなたを手伝う
あなたはわたしとともにこの世の光

W・W・J・T

What would Jesus do?
イエスならどうするだろう？
という質問はわずかな訂正を要する
What would Jesus think?
イエスならどう考えるのだろう？
訂正が求められるのは心の段階であって行動の段階ではない
自分の振る舞いについて考えることは
知覚の世界の評価つまり解釈となり
解釈はすべて相対的なものだから評価すべきではない
ひとりで評価すれば審くことを避けられない
聖霊の評価はただひとつ
あなたはすでにそれを聞いている
いつでもイエスと同じように考えられる
その結果　いつでも完全に正しい世界を生み出せる

再会

そのままの自分が愛されるとわかって
わたしとあなたの関係が真実となり
すべての関係は真実を反映するものとなる
そうなってはじめて　あなたは真実そのものを求めるだろう
求めるのが真実なら
いままでのようにあるかないかを疑いながらではなく
安心して求めることができる
そして　求めるのと与えるのは同じだとわかったから
もっとも大切なものを誰にでも与えるだろう
こうして「わたしはあなたを愛している」という思いが
どこまでも広がっていき
この世界のどこでも
あなたとわたしは再会する
わたしたちはみな　こうしてすべてを思い出していく

名前

あなたは今までたくさんの名前で呼ばれてきた
誰からも愛される美しい名前のときもあれば
その死のあとには誰一人名前を思い出せないような平凡な名前のときもあった
時にはまるで呪われた悪魔のような名前のときもあった
だがどこで生きてどんな人生を送ろうとも
どの名前もあなたにふさわしいものではなかった
それは呪われた囚人のように生きたときには当然のことかもしれないが
その気高い名のもとに数限りない戦いの勝利の勲章で飾られた
光り輝くような名誉がその名に与えられたときでさえも
不思議なことにあなたの心はまるで戦いに敗れたかのように空虚なままだった
この空虚は何を持っても埋めることなどできないとあなたは理解した
そしてあなたはついに質問する
今まで問うことのなかった問いを
なぜ私は満足していないのだろう
いったい何が私を満足させるのだろう

そのときからあなたの心にかすかな光が差し込み始めて
今まで見たこともない世界が目の前にその姿をあらわし始める
世界はあなたに応え始める
失われていたと思っていたものが
なくなっていたわけではないことを
あなたは驚き
喜びとともに知るだろう

決心Ⅲ

決心はひとりでするものだと自我は言う
これに対して
決心は分かち合われるものと聖霊は言う
決心が分かち合われるとは
あなたが決心するとき
全員があなたと同じ決心をするということだ
いま振り返ると
このことは自我に導かれて決心したときでも同じだったとあなたは気づいただろう
決心の内容や目的はいろいろ異なって
一人ひとりが別々の目的に向かって決心をしているのがこの世界だと
ほかでもないあなたが決心した
それがみんなの決心としてわかちあわれていたのだ
そして　あなたのこの決心はいつでも変えられる

必要

あなたの人生には
わたしを必要とするときと
そうでないときがあるのかもしれません
しかしながら
わたしには
いつでも
あなたが必要です

永遠と時間

永遠と時間は両立しない
しかし時間の中にいても永遠の反映として生きることはできる
「今という一瞬が存在する時間のすべてだ」と考えるようにと彼は言う
もしほんとうにそうならば
あなたが神の子として生まれたのは今だ
今しか存在しないなら　他に生まれる時はない
そして今生まれたばかりの赤ん坊に罪があると
いったい誰が信じるだろう
現在とは許しであると彼は言う
今しかないのなら　起きたことはすべて過去のこと
たった今起きたことも　すぐに過去となって
今には何も存在できない
このような考えを大切にできる平安な状態に
何の努力もなくただ置かれていることに

あなたは心からの感謝を捧げるだろう

因果関係

過去を真実だとすれば
現在や未来に恐れを生みだす
過去は存在しない夢のようなものだとすれば
今と未来のすべてを平安にできる
どちらもそれぞれの因果関係において矛盾はない
片方は時間の中にあり
もう片方は永遠が反映されたもの
このふたつは両立しない
ふたつのうち片方は説明や解釈を必要としない
そして宇宙の誰とでも合意できる
時間は宇宙においてはユニークな概念
時間に思考の基礎を置くと合意は難しくなる
生命が永遠であると考えることで
誰とでも合意が可能となる

永遠であるもの同士が対立する必要など
思いつくことはないだろう

わたしとともに

この世界に生まれたときからあなたは
こんなはずではない
人間がこんなひどい目にあっていいはずがないと
ずっと強い怒りを感じて生きてきた
「そう　こんなはずではない」というわたしの教えに出会ったことで
あなたの心は以前よりもずっと穏やかになった
ここからはあなたの力ではなく
わたしとともに進んでいくのだ
あなたは自分の力で来られるところまでやってきた
ここから先は自分の力だけでは進めない
わたしとともに
人間は当然こうあって然るべきだという世界へ向かっていくのだ
あなたはそれを見たことがない
いまでさえ半信半疑だろう

人間がこうあるべきだというその姿は
あなたの想像をはるかに超えている
しかし他のすべてと同じように
それをあなたが信じることから始まる
目の前の世界がそうして作り上げられたように

不可能な解釈

この世界の解釈は不可能である
どんな解釈にも意義はない
それが正しく思えようと
間違っていようとも
錯覚は錯覚であり
存在しない世界をどんなに解釈したところで
あなたの心が満たされることはない
『奇跡のコース』の解釈についても同じだ
『奇跡のコース』は存在していない
唯一意義があるというゆるし
それも錯覚の世界にあることに変わりはない
何らかの解釈が可能だと信じるとしたら
なぜか愛なしに見ることを選んだことを認め
再び聖なる祭壇に向かうことだ

理由はわからないが
なぜだか兄弟を裁こうとした
そんな自分の心を聖霊に見つめてもらい
ただ愛してもらおう
失っていた正気はそこで取り戻せる
こうして心は条件なしに幸せになれる

自由について

あなたは自由を愛している
なぜなら愛の本質とは自由だから
愛は愛することしかできない
つまり自分を自由にすること
相手を自由にさせることが愛だといえる
あなたは愛をわからないというかもしれないが
自由についてはよくわかる
それがないとき
奪われたときには
はっきりと気がつく
あなたは愛だから
それが自分のであれ他の兄弟のものであれ
自由が奪われることに耐えられない
自由を制限されるとしたら

それはあなた自身であることを否定されるのだから
あなたのなすべきことはたったひとつ
自由でいることだ
誰もあなたの自由を奪うことはできない
あなたが本当に自由でいるときは
相手も自由
つまり愛だから
あなたを攻撃することはできない
それでもあなたが夢を見ることはまだあるだろう
自由を奪われることはありえるという想念があなたの心を去るまで
それが夢だと見分けることだ
わたしはそれに協力するために
あなたとともにここにいる

救い

あなたは自分が救われた大切な愛の教えを
他の誰かにうまくことばで説明できないと嘆いているかもしれない
それは　あなたがその愛の教えが何であるかを
本当にわかっているということを意味している
わたしはそれを嬉しく思う
あなたはことばの説明に救われたのではない
ことばをはるかに超えたもので救われたのだ
そしていまあなたもまた
ことばを超えて誰かを救うという仕事を
わたしとともに為し始めている
ついにあなたはよみがえったのだ

『私であるあなたへ』

あなたは幼いころから心の底に
こんな疑問を持っていた
「自分はなぜここにいるのだろう」
「ここは私の本当の居場所なのだろうか」

気がついたらすでに肉体に生まれ
生き残りゲームのような逃れられないシステムに組み込まれ
それに異議を唱えることさえできなかった
人間の人生が本当に重要だというのならば
果たしてこんな乱暴なスタートの仕方があるだろうか
そして何よりも驚くのは
そのことを誰もが当たり前のように受け入れ
あまり気にしていないように見えること
自分が重要な存在ならば

幸せになることがこんなに難しい
ほとんど不可能な世界になぜいるのだろうか
私は何か罪を犯したとでもいうのだろうか
まるで無実の罪で十字架にかけられているかのようだ
しかし誰もがそれを受け入れているものだから
何かおかしいという声を上げるのにさえ勇気がいる
「おかしいのはお前のほうだ」という声が心に聞こえる
こんな世界でよいのか
こんな自分でよいのか
もしそうして何かと闘ったとしても
その結果もすでに知っている
たとえ勝っても負けても虚しいのだ
戦いを望んでいるわけではない
戦うことの虚しさは知っている
革命がどんな物語に終わるか
歴史が何度も語っている
革命はただ繰り返されるだけ

だから小さな自分の世界を作り
そこに閉じこもる
どこにも行き場所がないかのように思えて
あなたは絶望し
あきらめそうになった
絶望を隠して他人と笑うことを学んだ
そうして何かを忘れようとしたことさえ忘れようとした
それでもあなたの心は真実を知っている
「こんなはずではない」と
でもどうすればよいのかはわからなかった
あなたはたった一人で神に向かって叫んだ
「私はどうしても本当のことを知りたい」と
その声は聞かれた
その声を待っていたのだ
そうしてあなたの世界にあなたの常識を
今までの知覚を超えた体験が始まる
それはことばでは説明できない世界

偶然と呼ぶことができないようなできごとだ
それは他の人に話せば「偶然だよ」と
笑われてしまうような些細なできごとかもしれない
しかしあなたの心は何かを感じている
あなたの世界の扉が開こうとしている
それがあなたの今回生まれてきた目的なのだ
私はあなたを永遠に愛している
あなたが私を求めたように
私もあなたを求めている
あなたは私と永遠にひとつなのだ

2
Is this HEAVEN?
Living with A Course in Miracles
～ここは天国かい？

「フィールド・オブ・ドリームス」

「フィールド・オブ・ドリームス」というアメリカ映画をご存知でしょうか。「何年前の映画なのだろう」と調べてみたら、１９８９年でした。

私が25歳のときの映画です。映画館で見た記憶はないので、たぶんレンタルビデオを借りたのでしょう。いったい何度繰り返して見たことか。何度見ても最後のキャッチボールの場面では、涙をとめることができませんでした。

父への葛藤を抱えた息子（ケビン・コスナー）は、不思議な「声」に従って自分のトウモロコシ畑をつぶして野球場を作ってしまいます。もともと破産寸前だった彼の農場は、この一見ばかげた行為によって本当の危機を迎えてしまいます。

そのとき、野原の野球場にすでに肉体を離れた往年の名選手たちがやってきて、野球を始めるのです。その姿は彼や家族には見えますが、銀行家やお金を目的にして生きている人たちには見えない、という設定です。

映画はその野球観戦にたくさんの人がやってきて、農場の経営危機は救われるという不思議なハッピーエンドで終わります。私の心を何度も打つのは、ラストシーンの少し前の場面です。

破産寸前に陥った彼は「声に従って野球場を作ったこの〝俺〟には、いったい何の利益があるんだ」と「声」に対して怒りをぶつけます。そこに彼の父親が現れます。彼は父とキャッチボールを始めます。グローブの匂いを嗅ぐ場面が泣かせます。野球少年なら、あの匂いを必ず思い出すでしょう。そして昔、父とキャッチボールをしたことも。

お互いに何か気の利いた言葉をかけあうわけでもなく、ただ黙ってボールを投げて、受け取って、また投げる。映画はそうやって終わります。

そう、また父とキャッチボールがしたかった。言葉にできないお互いへの気持ちをボールに込めて、投げて、ただ受け取りたかった。

この場面に印象的な会話があります。父が息子に「Is this heaven?（ここは天国かい？）」と聞くのです。息子であるケビンは「This is IOWA（ここはアイオワだよ）」と答えます。

私には「そう、いまこうして父に会えたここアイオワが私の天国だ」と言っているように聞こえました。この場面から、この章のタイトルをもらったのでちょっと長いイントロダクションになりました。

私もいま、あなたに聞きたいから。「ここは天国かい？」って。

それでは私の話を始めましょう。

神の子ども

記憶はあてにならないものです。これから語る私の子どものころの記憶は人生という膨大な知覚、認識、解釈データの集積のほんの一部にしかすぎません。そうそう、『奇跡のコース』では言葉に関するユニークな指摘があります。「言葉は実在からふたまわりも離れている」と。このことを説明するには『奇跡のコース』の世界観が必要ですので、少しおつき合いください。

『奇跡のコース』では私たちは全員、神から生まれた神の子ですが、その生まれた世界、故郷を「実在」と呼んでいます。しかし実在を「世界」という言葉で表現するのは適切ではありません。なぜなら世界という言葉は私たちが実在とは別の「空間、時間」を作り出し、さらにその中で生まれた「言語」という非常に制限されたシステムの中にあるからです。

つまり実在から非実在世界でひとまわり離れ、そこで生まれた言葉だから、ふたまわりというわけです。こんな話がこの私の物語の終わりには少しでも理解いただけたら、そんな願いをこめて書いています。

言葉は真実を語るには不完全な道具である、という言い訳のような前置きはこのぐらいにして、私のベストを尽くしていくことにしましょう。

この世界に生まれて

「私は生まれる前の記憶がある」「生まれたときの記憶がある」などと言う人がときどきいるようですが、私にはそういうことはまったくありません。

物心ついたのは幼稚園ぐらいのときだと思います。私がこの世界に感じていたのは、いま言葉にすれば「よそよそしさ」だったような気がします。

心に扉があるのならそれを閉ざして、本当には思っていないことでコミュニケーションを取っている。いま私は大人なのでこのように理解することができますが、当時の私はそういうことをただ漠然と感じていたような気がします。つまり「ここは私の居場所ではない」という感覚。疎外感のようなものです。

と言っても、実際に誰かが私を孤独にしていたなどということはありません。中流のサラリーマン家庭で、母親は専業主婦でした。穏やかな人で、私は特にさびしい思いをしていたわけではありません。理屈を超えた、何か漠とした孤独感のようなものでした。

私の好きな詩人に谷川俊太郎という人がいますが、彼の「かなしみ」という詩はその感覚をうまく表現していて好きな詩のひとつです。

かなしみ
あの青い空の波の音が聞こえるあたりに
何かとんでもないおとし物を
僕はしてきてしまつたらしい

透明な過去の駅で
遺失物係の前に立つたら
僕は余計に悲しくなつてしまつた

——谷川俊太郎　詩集『二十億光年の孤独』

何かを忘れていたような、でもそれがなんだかわからないような、つかみどころのない感覚だけが空の雲のように心の片隅にぽっかりと浮かんでいる。

彼は詩人なのでそういう感覚を大切にして来られたのでしょうが（いや、そういう感覚を大切にしているから詩人なのか）、幼稚園児の私にはそんな方法はなく、何かが心の底で眠っているような、そんな子ども時代を過ごし始めました。

小学校時代～父の死

野球に夢中だった小学生のころの出来事で書くべきことは、ひとつしか思いつきません。父の突然の死です。私の人生がひとつの物語だとすれば、父の死はその後にもっとも大きな影響を及ぼすことになった要素のひとつです。

私は三人兄弟の長男として生まれました。父の生きた時代は、まだ長男というものが家を支える特別な存在であった名残りが、いまよりもはっきりと残っていたのではないかと思われます。父は私を厳しくしつけました。

普段はそれほど厳しいわけではないのですが、何か父の基準から外れることがあればそれは暴力のような形をとって私に降りかかってきました。父は身長が180センチぐらいあった人なので、子どもの私は抵抗するまでもなく何度かひどい扱いを受けた記憶があります。

もちろん、きっかけはすべて私が作ったものであって父の言うことを聞かなかった私に責任があるのですが、感情というものはそういう理屈で納得したり、収まるものではないと思います。

私は、父が私だけに厳しいことを言うのは、私が嫌われているからだと思い込み、父を逆恨みするようになりました。と言ってもまだ小学生なので、せいぜい口ごたえすることぐらいしかできませんし、そうしたところで父が本当に怒れば私は勝てないので、父との問題は解決のしようがありませんでした。

私が6年生のある日。理由は忘れましたが、父に対してひどく怒った私は恐ろしいことを行ったのです。その夜、私はふとんの中で神に祈ったのです。「神様、どうか私の父を殺してください」と。

当時の私は神など信じているつもりはありませんでしたから、本当に不思議なことです。そして何が起きたか。私の祈りが通じてしまったかのように、その3カ月後に父は突然亡くなりました。なんて恐ろしいことを私はしてしまったのだろう。これは私の「誰にも言えない秘密」になりました。私以外の家族には本当に優しかった父を私が奪ってしまったのだ、私はそう思いました。父は母と本当に仲がよく、二人がけんかをしている姿を見たことはありませんでした。私のしたことは決して許されない。私は十字架を背負うことになったのです。

でもそのことを考えてもどうしようもないのですから、私は「どうしようもないことは考えない」という、ある意味では合理的な選択をすることしかできませんでした。私が望んだはずの父の死は、私に底知れない罪悪感とそれまではまったくなかった未来に対する不安（主に経済的なもの）をもたらすことになりました。

そうしてこのことは誰にも語らず、心の奥の物置のような場所に置いて鍵をかけ、忘れたふりをして私の中学時代が始まりました。

中学校時代1〜補導

母子家庭となった私は、近所の公立中学に進学しました。父がいないということは何か自分に不完全さをもたらし、特に「母子家庭だから（きっと）お金はそれほどない」という、ある種の卑屈さのようなものを私に感じさせました。

仲のよい友達が買ってもらっているものを、自分も買ってほしいと気軽に言えないことがなんだか無性に悲しかったような記憶があります。当時、ブランド物のスニーカーがはやり始めていて、格好いいデザインのそれがほしかったのですが、私は買ってほしいと言えませんでした。

母は職業訓練校に行き、なんとか家族を自力で支えようとして必死でがんばっていたので、無理を言うことはできません。でも格好をつけたいというどうしようもない思いは、私の正気を失わせました。

いまこうして書くのは本当に恥ずかしいことですが、私は祖母の財布からお金を勝手に持って行ったり、遊び仲間と「カツアゲ（お金を脅し取ること）」をするような人間になっていったのです。

当時、インベーダーゲームがはやり始めていて、お金はいくらあってもすぐにゲーム代になってしまいました。いま思えば「なんであんなバカなことをしていたのだろう」と思います。

でもきっと理由は答えられなかったと思います。理由があったわけではなく、何かで心を解放したかった。そんな言い方では迷惑をかけたたくさんの方々に本当に申し訳ないのですが、どう考えても鬱憤を晴らす、という言い方でしかその理由を説明することはできません。

そして中学3年のある日、私と仲間は恐喝で警察に捕まりました。私はどこかでほっとしたような気もします。自分で望んでしていたことではありましたが、やめることは自分が臆病だと思われるような気がしてやめられませんでした。

誰かに止められなければやめることはできなかったと思います。もし捕まらないでいたら、取り返しのつかないところまでいくことになったかもしれません。警察に捕まったことで、心のどこかで「もうこういうことをしなくていいんだ」と安心していたような気もします。

もちろん私と仲間の行為は母を嘆かせ、学校を驚かせました。警察の保護観察処分という強制的な力によって、もうそのようなことはできなくなりましたが、だからといって他にありあまるエネルギーの行き場があるわけではありません。私の心はどうしようもない状態であることには変わりありませんでした。

大人になったいまは、あのころの自分に起きていたことをこうしてある程度は推測できますが、当時の私や家族にはそんな余裕はありませんでした。私はどうすればよいかまったくわからないまま、中学生時代をやりすごすことしかできませんでした。

ただ、このころにギターを手に入れたのはひとつの大きな転機になりました。熱中するものができたのです。「ギターが弾ければモテるのではないか」（まったく違った）という不純な動機で始めたのですが、街でけんかしているよりはよっぽどまともな時間の過ごし方ができるようになったとは思います。

中学校時代2～英語との出会い

子どものころから私は外国にあこがれていました。外国といっても主に欧米です。映画や音楽はほとんど海外のものに惹かれていました。これは、いま思えば密かに日本や日本人である自分を見下すような気持ちも働いていたように思います。現在は『奇跡のコース』のおかげで逆に日本の文化の奥深さ、真の意味でのスピリチュアリティが少しずつわかってきたので、日本人であることは私の誇りになっています。

しかし当時の私は「外国のものならなんでも好き」という感じで『アメリカングラフィティ』や『イージーライダー』のような映画を観て「アメリカに生まれたかったなぁ」などと漠然と思っていました。家ではラジオ、当時はFENといった米軍放送をずっと聴いていました。また洋楽の歌詞を聴き取って歌ったり、映画のせりふを聴き取ってノートに書いたりしていました。留学しなかったわりには英語が聴き取れるようになったのは、この趣味のおかげだったと思います。またそのおかげで『奇跡のコース』に出会ったときも、それなりに読むことができていたと思います。

ただ実際には、それほど行動力のない私は外国に出かけることはありませんでした。現在でもそうですが、どちらかというとどこかに出かけるのは億劫なインドアタイプです。しかし出かけてしまえば楽しめるので、本当に嫌いというわけではありません。特に『奇跡のコース』の話をしに行くのは楽しみです。

私はもともと頭の中だけで妄想していることが多く、そのエネルギーを何か別のものに表現していくしかなかったので、それが読書や文章を書くことにつながっていったのだと思っています。そういう私の小学生から大学生にかけての妄想世界において、もっとも大きな影響を与えたのが欧米文化だったと言えます。それは英語の教師になったときにも役に立ちましたし、またアメリカ人の『奇跡のコース』の教師であるジョン・マンディさんに会ったときにも英語で自分の話をすることができる、という大事な場面につながっています。きっとこれからも役に立つのだろうと思います。

子どものころに好きだったことがあとで人生の重要な場面に生かされるのは、おそらく人生には事前の計画があり、そこに導かれていくためにいろいろな伏線が張ってあるのだ、と現在の私は思っています。そしてこれからもさまざまな導きが用意してあるのだろう、と楽しみにしています。『奇跡のコース』は「導きのラストシーン」を明確に語ってくれているので、その道を安心しながら歩いていくことができるのは嬉しいことです。

高校時代～恋、そして嫉妬心

私の人生の七不思議のひとつですが、中学3年生になったときになぜか成績が上がり始めました。塾に行くお金もなく、夏休みなどはギターを手に入れるために高校生だと偽って新聞配達のアルバイトをしていたにもかかわらず、学年の上位10％ぐらいに入るようになりました。

もしかしたら、そのあとの私の人生を支配する「知的好奇心」のようなものが、当時の勉強の内容と一致したのかもしれません。この出来事は、何か自分の力とは別の力が働いたとしか思えない初めての経験だったようにも感じます。

この文章を書いていてふと思い出しました。アルバイトをするときに嘘の高校名を告げたのですが、それは結果的に本当になりました。これも「言葉の力」を体験した初めての出来事かもしれません。

さて、私は海のそばにある七里ガ浜高校に入学しました。そこである女の子と出会い、恋に落ちました。そして友達の協力もあってその彼女とつき合い始めることになりました。

私は彼女ができて幸せだと思っていたら、今度はまったく意外な自分に直面することになりました。自分は本当のところで女性を愛することができない、という事実でした。

男性が好きだという意味ではなく、嫉妬心が出てきて彼女の自由を認めることができなかったという意味です。これは愛なんかではありません。嫉妬する、彼女を自由にさせないということは、「その人を愛しているのではなく、ただ支配したいだけだ」という事実を示しています。この事実は私を打ちのめしました。寛容な男性としてふるまいたい、そうありたいという私の願いは、まったく不可能なことでした。

私たちはそんなことでよくけんかをしました。すぐ仲直りはするのですが、結局同じことを繰り返してしまう自分自身に本当にがっかりしていました。私には対処法がなく、どうすればよいのかまったくわかりませんでした。

高校生の私は、人生はなかなか簡単にはいかないものだ、ということをこうして体験から学んでいました。高校時代も彼女と遊ぶお金を稼ぐためのアルバイトをしている間に終わってしまったような気がします。

大学もお金のことを考えると、行けるとは思っていませんでした。当然、勉強もしないでいたのですが、高校3年の夏（！）になって、調べてみたら学費が専門学校とそれほど変わらないことに気づきました。そこで突然「それだったら大学に行こう」と深い考えもなく、決めました。彼女とは違う大学へ通うことになり、そのあと自然と疎遠になっていきました。

私は試験に関しては要領がよかったのか、現役で受かりました。あまりにもその場が自分にそぐわなかったのでその大学を辞め、再び受験して翌年に中央大学の文学部フランス文学専攻科に入りました。まったくフランス文学に興味などなかった私ですが、大学でこれもいま思えば大きな影響を与えてくれた言語哲学者の丸山圭三郎教授に出会うことになりました。

大学時代〜哲学との出会い

丸山教授との出会いは、それまで私の知っていた世界とはまったく異なる哲学の世界との出会いになりました。哲学とは一言で言えばこの世界を客観的に観察し、自分で考えて再構成する、という知的な営みだと思います。世界とはこういうものだ、人間とはこういうものだという「思考の土台」を提供しようとするのが哲学だと思います。

私は初めてそういう世界に触れて、心が惹かれていきました。フランスの哲学者の本を読み始めて目からうろこが落ちるような経験をし、その創造的な思考に触れて哲学の面白さに目覚めていったように思います。

哲学的思考との出会いもいま振り返ると重要なポイントになっています。世界の「中」でどうすべきかを考えるのをいったんおいて、それとは別のレベルにある「世界とは何なのか」を考えることの楽しみを知ったのです。

哲学には幼稚園のころからの私の根源的な疑問、「なぜ私はここにいるのか」への扉があるような気がしました。私は問題に対する人間の行動にはいくつかのパターンがあると思います。

（1）問題に対して「どうしたらよいだろう」と考える

（2）「問題が生じる状況そのものが問題だ」と考える
（3）「問題については考えない」
（4）「問題を考えている自分という存在は何なのか」と問う
（1）の「どうすべきか」を考えている人は、その世界を前提として無意識に受け入れています。解決を目指して一生懸命がんばるけれど、いつまでたっても次から次へと問題がやってくるのでちょっと疲れてしまいそうです。
（2）は「どうすべきか」という問題の前に、その問題を内包して存在している世界そのものに疑問を持つ人たちです。（1）よりは広い視点で見ているようにも思えます。この人たちは世界の革命に興味を持ったりするのかもしれません。でも結果的には（1）と同じことになるでしょう。
（3）は問題について考えても解決しない（できない）から、そこから目をそむけてまったく別のことを楽しんでいる人になるでしょう。これは状況によりますが、かなり幸せかもしれません。問題は「存在していない」のですから。
（4）はその興味を持っている自分自身、ものを考えている自分とは誰なのかというところにそれぞれの好みでたどりつきたいと探求しているのが、心理学者、哲学者、宗教者なのだと思います。
これらのいずれのパターンも、問題の本質的な解決には導いてくれていないことは歴史を見れば一目瞭然と言ったら言い過ぎでしょうか。世界のさまざまな問題の解決への歩みは微々たるものので、問題自体がずっと継続しているのは明らかです。「人は歴史の教訓からあまり多くのことを学べないものであり、この事実こそ歴史の教える教訓のうちでいちばん大切なものなのである」（オルダス・ハックスレー）という皮肉なフレーズは、核心をついているように思えます。

哲学の世界に興味を持った私ですが、それでも世界の問題の解決にはなんの役にも立っていない、という意見にたどり着くことになりました。本当の問題の解決とはいったい何なのだろうという答えはどこにも見つかりませんでした。

「問題はもう、うんざりだ」という叫びが魂からのものであるとき、それは逃避ではなく、納得する答えを真剣に探し始めることになります。ちょうどそのころに量子論の話を知り、その衝撃的な内容は私に知的興奮をもたらしました。物質は存在していない、というのですから。

私たちが見ている間だけは物質になっているけれど、見ていないときは波だと言うのです（コペンハーゲン解釈）。不思議な話ではありましたし、それが結論だということでもないのですが、見ている世界はあなた次第である、というメッセージはそのあとも長く心に残り、私の人生に大きな影響を与える要素のひとつ、布石のようなものになりました。

就職

大学生時代はアルバイトとオートバイとサーフィン、ときどき好きな本を読むという、ありあまる時間をどうやり過ごすか、というのんきな時代でした。当時はまだバブルがはじける前で就職は誰でも引く手あまたという状況でしたので、必死で就職しなければという気概もありませんでした。もちろん「自分が何に向いているのか」など、真剣に考えたこともなかったですし、考えたところでわかるはずもありません。

ですので、大学4年になって送られてきた分厚いリクルート雑誌をまるで通販のカタログのような気持ちで、つまり大学を選ぶときと同じで、家からの距離（近い方がいい。通学、通勤にかかる時間が無駄だと感じていたので）、なんとなく感じる雰囲気のようなもので選ぶしかありませんでした。

私は家から近くて仕事が午後からという理由で当時、神奈川県内で勢いをつけ始めていた学習塾に決めました。私はこのあと11年間続いた会社員生活で「働く」ということは一体どういうことなのかについて自分なりの結論に達しました。それは「私は人のコントロールの下で働くのは好きではない」ということでした。

学習塾での子どもたちとのふれあいは、想像していたよりもずっと楽しい経験でした。私が出会ったのは昔の私のようなひねくれた子どもたちではなく、多くは大切に育てられた素直で優しい子どもたちでした。彼らに何かを教えたというよりは、彼らから学んだことのほうが多い、というよりも、いま改めて思えば私という存在を心で受け止めてくれていた、つまり私の心を癒してくれていたのだと思えます。

彼らは遠慮なく私の心に触れてきます。信頼しているのです。この人は心に触れても大丈夫だという信頼です。この信頼があれば何でも楽しめるし、それが授業のような形をとっていても何かそれ以上のものが伝わるような経験もきっとたくさんあったことと思います。その個々の出来事を思い出すことはほとんどありませんが、当時関わってくれた子どもたちには心から感謝しています。

いま私のクラスにきてくれている30代～40代の方々は私の一世代下の方ですから、新卒当時の私の生徒であってもおかしくない世代です。そう思うと、結局はずっとあの関係のままなのかもしれません。クラスにいらしてくださるみなさんの心によって、その信頼によって、いまも私は癒されているのですから。

自分らしく生きるとは～「罪」と「恥」

就職についても結婚についても、いま思えば「自分では考えているつもりでも、まったく自分の頭と心で考えていなかった」と言ってよいと思います。

私は人と同じというのが嫌いだったので「人がこうしているなら､人と違うことをしよう」と思って、それが個性だと信じていました。ところがあるとき、ふと「あれ、他人を基準にして生きているってことは、自分がもっとも毛嫌いしていた「人と同じでないと怖いという人と一緒だ」と気づいて愕然としました。

人がやっているから一緒にやるという「大衆迎合路線」と、人がやっていないことをやるという「個性派路線」は動機が「人がどうしているか」という他人目線という点でまったく一緒だったのです。

そのときから、少し心が自由になりました。「人がどうしていようと、自分は自分のしたいことをしよう。それが結果的に人と同じでも違っていてもＯＫだ」と思うようになったのです。ひとつの枠が外れる、外すという体験をしたのです。それは気持ちのよいことでした。ほんの少しだけ自由になったような気がしたのです。

中学生のころ、私はほとんど本を読まなかったのですが、高校生のころつき合っていた彼女はかなり本を読む人でした。そこで、バカにされないために本をかなり読むようになりました。そしてエッセイのようなものをノートに書き始めました。自分で文章を書くことはいまもそうですが、自分を客観的に見つめるためには最善の方法のひとつだと思います。書いていると何かを思い出したり、心の動きに気づいたりします。また時間が経って読み返してみると、第三者のような立場になり、また発見があります。書くことは誰かのためというよりも、何より自分のためになります。頼まれなくてもやっているようなことは、本当に好きなことなのでしょう。そういうものに出会えたのは幸せなことです。

話を戻しましょう。いま思えば笑ってしまうような話ですが、私は自分を内向的だと思っていてバブルのキラキラした感じに密かに憧れてはいても、まったくなじめない人間でした。たぶんそこから背を向けたくて「日本人には、私のことをわかってくれる女性などいないだろう」と勝手に思い込んでいたのです。

これは「わかってもらいたいけれど、そのための努力をするつもりはない。だから自分を守るために相手を最初から拒否する」という非常に傲慢な態度（自我の防衛）です。しかも本人は勝手に被害者のような気分になっているから始末が悪い。本当にバカですね、いま思うと。こんな幼い人間では、私が女性でもまっぴらごめんです。恥ずかしい。

余談ですが、日本人は「罪の意識」よりも「恥ずかしい」という意識が「恐れ」の表現傾向としてあります。『奇跡のコース』を読むと罪がたくさん出てくるのですが、あまりピンと来ないという人がいます。そこで、「罪」を「恥」に置き換えるとよいのかもしれません。この「罪」と「恥」はとても似ているような気がします。

神に対する「罪」と世間に対する「恥」。どちらも「何かに裁かれる」と信じているという意味において、そっくりじゃないでしょうか。どちらもそれを心が感じるときには、「本当の自分ではない」と感じているという意味でも同じかもしれません。

結婚〜美保さんと出会って

私には、理想の女性のイメージがありました。『宇宙戦艦ヤマト』を生み出した漫画家、松本零士氏の描く女性です。遠いイスカンダルにいるというスターシャの姿は、私の女神のように感じられました。

そんな女性がいるはずもないという思いと、どこかにきっといるに違いないという、二つの思いが私の心にはありました。ちなみに私の小学生の記念文集には「理想の女性を追い求めて世界を旅するが、見つからなくて戻ってきた出発点で理想の女性にめぐり会いそこで死ぬ」などと書いていたことを覚えています。幸せなのか不幸なのかよくわからない人生ですが、それなりに人生そのものを象徴しているような話です。

しかし、結果的に外国へ出かけるまでもなく、いまのパートナーである、美保さんに出会えたのは本当に幸せなことでした。

私の人生の最大の幸運は、美保さんに出会ったことと『奇跡のコース』に出会ったことです。どちらが欠けても、いまとは似ても似つかない人生になっていたことでしょう。

私はのちになって『奇跡のコース』に出会ったときと同じぐらい「これだ！　この人だ！」と感じました。と言っても最初に出会ったときに、そう感じたのではありません。綺麗な人だな、とは思っていましたけれども。

美保さんとは入社三年目に同じ職場になり、当時の私が読んで面白いと思った本（『宇宙からの帰還』立花隆著）の話をしていたら彼女もそれを読んで「あれは面白かった」という感想を聞いたときでした。「この人は私と同じ感性を持っているんだ！　しかも美人だし♪」という嬉しい驚きとともに、彼女に思いを伝えるべくいろいろな方法でアプローチしました。

おもしろいことに、当時25歳だった彼女は「自分は25歳で結婚する」と決めていたそうです。そしてそのとき現れたのが私だったので、私の三回目のデートでの結婚の申し込みにためらわずにOKしてくれました。こんなに突然結婚する気になるとは、自分でも驚きました。母は私が外国人の嫁を連れて来ると思っていたそうで、「日本人でよかった、これから英語を学ぶんじゃたいへんだもの」（学ぶ気があった母がある意味すごい）と、美保さんに初めて会ったときに喜んでいました。20年経ったいまとなっては懐かしい思い出です。

子どもが生まれて

結婚一年目は、二人でいるだけで本当に幸せでした。こんなに気の合う、話の合う人がいる、というのはそれだけで本当に幸せなことなんだ、と私は実感していました。そして思いがけないことにすぐに子どもができたのです。これはまったく想定外のことで、ここからある意味では本当に人生が始まったような気がします。

二人でいるだけなら、おままごとでもしているように幸せでした。そこに子どもが生まれたらどうなるのだろう。それは頭で考えれば嬉しい、幸せなことのはずなのですが、あまりにも心の準備がなかったせいで私はとまどっていたように思います。

子どもを育てるということは、いったいどんな経験になるのか。私にはまったく想像もできませんでした。学習塾で出会ったたくさんの子どもたちは、やはりどうしたって「他人の子ども」です。成長への責任はそこに先生として関わる一人の大人としてもちろんありますが、それはきわめて期間限定的なものです。

しかし、自分の子どもはそうではありません。塾なら生徒を辞めさせることはできますが、自分の子どもには決してそれはできません。というか、したくありません。つまり、どんな子どもが生まれてきてもその存在を完全に受け入れる決心のようなものを求められていることを、ひしひしと感じていたのだと思います。でもそのためにこそ赤ちゃんは10カ月間おなかの中にいるのかもしれません。お父さんとお母さんの心が少し成長するだけの時がとってあるかのようです。

結果的には心配するようなことは何ひとつなく、生まれてきた男の子はとてもかわいくて本当に幸せな時代を過ごすことになります。あるひとつの問題を除いては。これはこのあとの私の人生に大きな転換を迫るきっかけとなります。ですからいま思えば、それはやはり祝福そのものだったのだととらえることができます。しかし、当時の私にとっては「解決すべき問題」としてしか認識できませんでした。

この問題はさまざまな形をとって現れてくるのですが、それを根本的に、象徴的に表現するなら「私は攻撃されている」「愛するものに拒否されている」という感情が引き起こしている問題です。『奇跡のコース』では「目に見える問題は、本当の問題を隠すために存在している」と考えます。

まさに私にとってはそのようなことが起きていたのですが、当時の私にはまったく理解できませんでした。そしてそのように説明されたとしても、理解したはずがありません。私は受け入れてもらえない、私はそれが本当に悲しい、悔しいという感情の問題なのですから、必要なのは説明ではなくて、そのような感情の存在を認めることだったのです。

それが過ぎ去りつつあるいまは、何が原因だったのか、やっと理解することができます。しかし、当時の私はまるでトンネルにでも入ってしまったかのように先が見えなくなり、問題を解決しようという方向で努力を始めました。この問題を通して、私は見てみぬふりをしてきた過去の自分の闇の部分と対峙し始めることになりました。

闇の力

心の中で目を背けてきたもののひとつは、「何でも自分の力で思い通りにしたい」「誰にも頼らずに自分一人の力で何でもできる」という傲慢な心でした。

私はサーフィンを通して、自然の大きな力の前で謙虚になることを学んでいたつもりでした。自然の力に頼り、身をゆだねなければサーフィンは楽しめません。波がなければ待つしかありません。自分の力はちっぽけなことを知っていると思っていました。しかし実際には、私は自分の問題を「誰かにゆだねる」ことも「待つ」こともできなかったのです。

問題の解決を求めて、私は一人でなんとかしようと必死になっていました。問題の責任が自分ではなく外側にあると信じているので、結果的に11年間で2つの会社を辞めることになり、自分一人で仕事を始めてみたのですがこれがまったくうまくいきません。

会社にいる間は言い訳ができます。たとえば上司のせいで自分はうまくいかないんだ、顧客のほうに責任があるなど、理由はいくらでも見つけられるので真の問題から目をそむけることが可能です。「問題は本当の問題を隠すために存在している」ということを知る由もない当時の私は、まるで被害者のように振舞っていました。「自分は悪くないのになんでこんな目にあうんだろう」などと思っていたのです。

ところが一人で仕事をし始めてみれば同僚も上司もいませんから、仕事がうまくいかないのは誰のせいにもできません。当時はすでにバブルがはじけ始めていたので景気のせいにすることはできそうですが、そんなことをしたって何にもならないことぐらいはさすがにわかりますし、世間に愚痴を言うのはみっともない、とは思っていました。

私は問題を目の前にして、一人ではまったく何もできない自分に直面していました。そしてそんな自分が嫌いになり始めていました。より正確に言えば本当の問題を、つまり父を殺した自分を呪っていたことを思い出し始めたということだったのだと思われます。しかし思い出してもどうすることもできませんでした。だからこそずっと目を背けてきたのです。

いま思えば、これは「一人で解決しようとするのをやめなさい」というメッセージでもあったのですが、それこそが難しいことでした。

脱サラして始めた仕事は自分一人でやろうとしていたのですから、うまくいくはずがありません。それでも家族がそのようなバカげたチャレンジを理解してくれて、自由にさせてくれたおかげで「それではだめだ」ということを納得するまで体験できたのは、本当にありがたいことでした。

『奇跡のコース』に印象深い表現があります。

『キリストのはりつけが伝えようとすることはただひとつ、あなたは十字架のような受難でさえ乗り越えられるということである。これがわかるようになるまでは何度でも好きなだけ十字架にかかるのもあなた次第』（テキスト第4章序論3—8）。

「受難を乗り越える」という表現は、まるで一人で苦しいことに耐えると言っているように聞こえます。ところがそれがまさに「好きなだけ十字架にかかる」ことを意味します。このあとの文章はこう続きます。

『私があなたに説きたかったのは、このような福音ではない。われわれには他にたどるべき旅路があるし、もしこれから述べる教えを注意深く読めば、それがこの旅に出る準備の手助けとなるだろう』（テキスト第4章序論3—10）。

『奇跡のコース』を知る由もない当時の私は他の道など思いつきませんでしたが、30歳を過ぎて助けを求めることをようやく学び始めました。そして私はヒーリングに出会うことになります。

親友の死～空っぽになった心

ヒーリングに出会う前に、もうひとつ重要なエピソードがあります。親友の死です。彼とは高校時代に出会いました。ずっとつき合いが続いて、本当に何でも話すことができ、波長が合うというか、一緒にいてもお互いにまったく気を使わないですむ、という関係でした。何時間一緒にいても、何も話さなくても居心地よく一緒にいられる人。そういう友達は人生で、そう多くはできないのではないかと思います。

大学も同じで、アルバイトも一緒。旅行に出かけたり、趣味が似ていたので本当に長い時間を彼と過ごしたように思います。もし彼が女性だったら、理想のカップルだったのかもしれません。

サラリーマンになり、彼は大阪に勤めることになりました。学生時代のようには会えなくなっていましたが、それでも休みで湘南に帰ってくれば必ず会って遊んでいるような関係でした。その彼が32歳のとき、肉体を離れました。何の前触れもなく、まったく突然のことでした。お風呂の中での心不全でした。

彼は、ウィンドサーフィンに自分のほぼすべてのエネルギーを注いでいる人でした。それが私にとっての唯一の救いであるとともに、いま思えば大事なことを教えてくれていたと思います。残された私はあまりにも突然の死ではありましたが、彼の人生に後悔はないだろうな、と思えたのです。彼は何の遠慮もなく自由にやりたいようにやって生きていました。それはわがままということではありません。わがままは誰かに何らかの犠牲を強いるときに使われる言葉です。彼が自由に生きていてくれたおかげで、少なくとも私自身は親友として「彼は自分の人生で何かやり残したことがあるのではないか」という不要な苦しみを味わわないですんだのです。

あまりにも早かったとはいえ、彼の人生そのものは喜びで満ちていた、と考えることができたことは救いでした。そして「人の命はいつか本当に終わるものであり、それがいつなのかはまったくわからないものなんだ」という当たり前の事実に直面し、「私がいま死んだら何を後悔するだろう」という人生のもっとも重要な問題に向き合わざるをえなくなりました。

死、というもののあまりの理不尽さは私を恐れさせ、父の死とともにこの世界の不条理さを思い出させるものでした。父の死はまさにその「不条理さ」を私自身が作り出したという重い十字架の存在も、このころから私の心に蘇ってきていたのかもしれません。私は親友という心の支えを失って、心の片隅が空っぽになったような状態になりました。

会社を辞める～後悔のない生き方とは

彼の死は、私の人生において重要な分岐点となりました。彼がいなくなったことで、私は再度自分の人生の意義を問い直さなければならなかったのです。もし彼がいてくれれば、彼と休日を過ごすこと、それを楽しみに、会社員としてのストレスを受け止め、一生冒険のない安全な生き方を選ぶことも可能だったかもしれません。しかし、彼がいなくなり、そのように自分に嘘をついて生きるという選択肢がなくなりました。自分の人生の責任を取るべきときがきたのです。

自分が本当にしたいことは何なのか。明日死んでも後悔しないような生き方とはいったい何なのか。当時、30代前半だった私にはまったくわかりませんでした。少なくともいまの「会社員という生き方だけは違う」という、一見後ろ向きな思いしかありませんでしたが、11年間続けた会社員生活をそれだけで辞めることにしました。

このとき、妻の家族も含めて誰一人として反対した人がいなかったことは、いまでも心から感謝しています。もし反対されれば私の人生の再スタートは難しいものになったことでしょう。反対した人たちを見返さなければならない、自分の選択の正しさを証明しなければならないという思いから仕事をすれば、どんな仕事でもまったく楽しくないものになったと思います。

後ろ向きな考えで会社を辞めることをごまかすかのように、「これが私のやりたいことだ」と思い込んだあるフランチャイズの仕事に投資しました。結果としてはうまくいかなかったのですが、ここでも大事なことを学ぶことになりました。

そのフランチャイズの仕事は、老人のサポートをするような仕事でした。この仕事は人の役に立つものできっと喜んでもらえるはず、そして高齢化していく日本ではこれから伸びる仕事だろう、といういま思えばまったく他人目線の考えで選択したものでした。つまり「私がそれを本当にやりたいのか」という視点が抜け落ちていたのでした。
あるとき仕事の依頼電話がかかって来たのに嬉しくない、めんどくさいと感じている自分に気づいて愕然としました。これは好きなことではない、と私の心ははっきりと私に伝えていたのです。私は今度こそ「本当に」考えなければならなくなりました。
私がしたい仕事はいったい何だろう
明日死んでも後悔しないような人生とはどんなものだろう
貯金していた数百万円を投資したフランチャイズの仕事に魅力がなくなり、私はそういう人生を生きる、という決心をせざるをえなくなりました。このころの私はまるで人生の長いトンネルに入っていたような気分でしたが、その責任を誰にも転嫁できなかったため、本当に苦しいときだったと思います。
それでも同時にこのころ、子どもが小さかったので結果的には家族の時間をとてもゆっくりと過ごすことができたのは本当に幸せなことでもありました。もし会社員だったら、一緒に過ごすことはできなかったでしょう。苦しみのすぐ隣にはペアのように幸せもあるというのは、人生の真理のひとつだと思います。
そうは言っても、当時の私は苦しみにばかり目を向けてしまっていたので、このような幸せは見落としていました。

本当に好きなこと〜魂が喜ぶこととは

私は自分に問いかけました。

私が人に頼まれてもいないのにやっていることって、いったい何だろう。

まったくお金にならないのにエネルギーをかけていることって、何だろう。

これは「自分の魂が喜んでいるのはどんなときだろう」という質問です。私たちは他人の存在、地上の価値といったものを抜きにして、何かに喜びを感じることのできる存在だといまの私は信じています。

私はこのために生まれてきた！　という喜びを心に与えてくれるもの、それは何だろう。

私は本を読むことがとても好きでした。小説も好きでしたが、なかでも世界観をゆさぶってくれるようなものに惹かれていました。それは詩でも宇宙物理学でも、哲学でも心理学でも見つけることができるものでした。いずれも「この世界はいったい何なのか」という問いかけが含まれています。そういえば「すべての学問の究極的な問いは、いったい人間とは何かだ」と大学の教授が語っていたのを、いまふと思い出しました。

村上春樹氏の小説でいえば『世界の終わりとハードボイルドワンダーランド』のような。世界観の土台そのものが異なっていることが、私の心に訴えかけるものでした。そしてただ読むだけでなく、それについて自分で深く考えていくこともとても好きでした。そしてそれを誰かと語ることができて刺激を受けたり、与えたりすることができれば、それは最高に幸せなことでした。私の友達は常にそういう人でした。また妻である美保さんは、そういうことを共有できる人なので結婚しましたし、それは結婚したあとも私の最も幸せなことであり続けています。

朝から哲学的な話（現世では何の役にも立たない話）ができる相手がいるというのは、私にとってなんと幸せなことか！　と心から感謝しています。ありがとう。

そうしているうちに、いわゆる精神世界というジャンルの本に出会いはじめました。サイババの本、『バシャール』、『神との対話』、『ミュータント・メッセージ』など、図書館で見つけては片っ端から読んでいったのを覚えています。

これらの本は前提として「目に見える世界」は「見えない世界」とペアであり、「この世界は魂の学び、愛を学ぶところである」、「そのために私たちは何度もこの地上に生まれ変わっている」というストーリーを持つものでした。そして一見不条理に見えるこの世界も、すべてある体験を求めた魂のための場所であり、間違っていることは何ひとつないのだ、というメッセージを持つものでした。

これらの本が持つメッセージは、私の心をほっとさせてくれました。これらの本と過ごす時間、私の心は砂漠でオアシスに出会ったかのように、まるで懐かしい故郷にいるかのように感じていました。これらの本は一服の清涼剤となってくれました。しかし私の人生の問題が「解決」したわけではありません。これらの要素がどのように「仕事」と結びついていくのかはまったくわかりませんでした。

ヒーリングとの出会い

『有能な教師は決して人を恐れさせせない』（テキスト第3章1—4—5）

私は自分が抱えた問題が心療内科やカウンセリングなど、この世界にある通常の解決法では対応できないだろうとなぜか感じていたため、ついに助けを求めて、いわゆるヒーラーという人たちを探し、信用できそうなら会いに行くということを始めました。

私がヒーラーを探すときに指針にしたことがひとつあります。彼らのホームページやメールマガジンなどを見てその人が「人を恐れさせるような人かどうか」という点です。わたしの心が拒否していたのは「あなたの問題はこれだから、こうしなければならない」というアドバイスや、「幸せになるためには何らかの条件が必要だ」という「恐れ」を土台とした考え方だったことが、いま振り返るとわかります。

これは言い換えると、人は本当につらいときには「正しい答えが役に立たない」ということを学ぶことができた貴重な経験でもありました。頭ではそうするのが正しいとわかっていても、まさにその正しいことができないからこそ人は苦しんでいるのだ、と。

逆に言えば、本当に苦しいときに人は「無条件の愛を求める」ということでもあります。そんなもの誰に求めたらいいのか、それまでの私には検討もつかなかったのです。

当時はそこまで考えていたわけではありませんでしたが、結果的に出会ったヒーラーのうちの何名かは本当にそのような愛を感じさせてくれる人たちでした。彼らは何よりも「自分を幸せにして生きている人たち」でした。彼らは一生懸命に仕事をしているけれど、だからと言って自分を犠牲にしたりはしない、自分らしく生きている魅力的な人たちでした。

その方々との出会いは、私の人生に勇気を与えてくれました。「人はこんなふうに自由に幸せに生きられるよ」というメッセージを、その生きる姿を通して見せてくれたのです。またそれが人の心を癒すのだ、ということもわかりました。

あるヒーラーからは数多くの臨床結果と、自分自身もある症状へのヒーリングを体験したことで「この世を超える力」が確かにあるということを知りました。また別の優れたチャネラーからは、心の問題を隠していることはできないということ、それに自分が直面する勇気があればどんな問題でも必ず開けていく「仕組み」になっていることを。そしてヒーリングを教えるある優れた教師からは「人を助けたい、幸せの役に立ちたい」という思いがあれば、誰でもその人に備わっている能力が発揮されるよう、大いなる力に導かれることを知りました。

これらを私は自分の貴重な「体験」として学びました。これはいまでも私の人生を支えてくれている土台になっています。彼らとは結果的に長いおつき合いになり、いまでは同じ志を持って生きる「同志」のような関係だと感じています。

これはヒーラーに限りませんが、私の好きな人たちはみな自分と他者を上下関係ではなく「対等」だと考えているように思います。そのため一緒にいても疲れず、居心地がよいのでしょう。私自身も相手が誰で、どんな状況にあろうとも人の価値に上下はない、と思っています。

確かに人間はみなそれぞれにユニークな個性があり、能力の違いがあります。能力はそれを尊重し、幸せに向かう道で助け合うために誰にでも可能性として与えられているのだ、と思います。しかし、それは人間の「絶対的な価値」とは無関係だと信じています。

能力のあるなしに関わらず、人には絶対的な価値がある、という世界を私は望みます。これは『奇跡のコース』の根幹のメッセージでもあります。そしてそれがすべての人が心の底で望んでいることだ、と私は信じています。だから必ずそうなるだろうし、そのときには天国のすぐそばまできたように感じることでしょう。私はそこであなたとともに一緒にいたい、と望んでいます。

やすらぎの部屋のスタート

１９９９年、私と美保さんは、知り合った多くのヒーラーから学んだことを土台に二人で仕事を始めることにしました。

美保さんはフラワーエッセンス、タロットなどを、私はヒプノセラピーやレイキなどをメインにしてやすらぎの部屋というＨＰを自分で作り、自分たちのことを知ってもらうためにメールマガジンを発行し始めました。このスタイルはいまでもまったく変わっていません。二人でできる範囲のことを、ベストを尽くしてやっていこう、というスタンスです。

すぐにはそれだけで家計を支えることはできなかったので、複数のアルバイトをかけもちしていましたが、この大好きな仕事を支えるため、いつかはこの仕事だけでやっていけるようになると確信していたためにどんなアルバイトでもありがたく、幸せな気持ちで働くことができました。

結果的には開業してから2年ほどで家計を支えるためにしていたアルバイトをすべて辞めることができ、やすらぎの部屋は独り立ちしました。そして２００９年には信じられないことに株式会社といういまの形にまでたどり着くことができました。まさかそんなことになるとは夢にも思ってはいませんでした。ちなみに社長はもちろん美保さんです。

いまも私たちは、やすらぎの部屋を始めた日と同じように部屋の掃除をし、事務作業をこなし、いらしてくださる人とそのご家族が奇跡のような幸せを取り戻すささやかなお手伝いをさせていただいていることに心から感謝をして日々を過ごしています。

美保さんは現在、フラワーエッセンス、三大設定®ヒーリングのセッションとクラスを、私は次第にヒーリングの仕組み自体に興味が移っていき、個人セッションよりも心の仕組みを教えることに情熱を持つようになっていきました。そうしてついに『奇跡のコース』と出会うことになるのです。

『奇跡のコース』へと導かれて

「『奇跡のコース』とは、どんなふうに出会ったのですか」とよく聞かれます。もし、時系列で説明するなら「私にヒーリングを教えてくれた先生の一人がとても魅力的で、その方が『奇跡のコース』を学んだということで興味を持ち、当時は英語版しかなかったのでそれを購入して読み始めたのです」となるのですが、それよりも重要なことは、その出来事をもたらすことになったひとつの疑問だと思われます。その疑問とは、複数の信頼できるヒーラーたちと出会っていろいろな説明をされても、どうしても納得のいかなかったことなのです。

それはどんなに優れたヒーラー、もしくは医療に関わる人たちが真剣に他者を助けようとしても、助けられないときがあること。また仮に問題が解決し、助けられたとしても最終的に死だけは避けられないということへの疑問です。これはずっと私の心に残ったままでした。

「死んでしまうのだとしたら、助けることにいったい何の意味があるのだろう」という、口にするのもはばかられるような身も蓋もない疑問、心に浮かぶ暗い雲のような虚無感は、晴れることがありませんでした。

人はなぜ死ぬのだろう

死で終わるなら、生まれてきた意味は何だろう
神様は、なぜ人が死ぬように作ったのだろう
神様は、本当に人が死ぬように作ったのだろうか
そんな神様が、本当の神様だろうか

誰もが前提として受け入れている「死」や、それを作ったという「神様」への納得できない気持ちを自分の疑問として持ち続けていたことが、結果的には私を『奇跡のコース』へと導いた、ということがわかります。

そう、このことにこそ疑問を持ってほしい、それが唯一有意義な疑問だと『奇跡のコース』は言います。

神が愛であるなら、わざわざ幸せに終わりがあるように人生を作るだろうか
愛するものといつかは悲しい別れが来るように作るだろうか

そんなはずはない、と私の心は答えます。これを読んでくださっているあなたの心が同じ答えを持っているからこそ、この本に、『奇跡のコース』に出会うことになったのでしょう。私たちの心は死ぬことはなく、神との最終的な、永遠の和解へと導かれる。それが「計画」であるとコースは教えます。それは避けられないことだと。ただそれを「いつにするか」だけはあなたが選べます。

私たちにはそのような意味で完全に自由が与えられています。しかし、もしそうならば先延ば

しにしたいという気持ちは、もうそれほど魅力的ではないでしょう。本当の和解という、いままでに一度もしたことがない体験が私たちの人生に用意されているのだとしたら。

いまそうすると決心すると、あなたの人生に現れる兄弟の姿を通して聖霊が働いているのを見ることができます。人は完全な愛なのだ、あなたもあなたの兄弟も無条件に完全に愛なのだということを聖霊は実際の体験を通して教えます。それは奇跡のように目の前に現れるでしょう。私はそれを確信しています。

『奇跡のコース』との「本当の出会い」

もうひとつ、私が『奇跡のコース』の教えに「本当に」触れたときのことを書かないわけにはいきません。

まだ日本語訳が出版されていない頃のある日、あまりにも難解なためにただ読んで訳すだけで精一杯だったときのこと。この文章に突然、出会ったのです。

Your sinlessness is guranteed by God.

あなたに罪のないことは、神によって保証されている。（デイリーワークブック・レッスン93）

このフレーズがどれほど私の心に深く響いたか。いまこうして書いていても、まだ心が震えます。

私はなぜか泣いていました。

私は父を殺したんだよ！

どうして罪がないなんて言えるの？

そんなはずないじゃないか！

こんなひどい自分に罪がないなんていったいどういうことだよ！

と、心の中で叫んでいたのです。

私はあれから長い時間が経ったにもかかわらず、自分が泣いていることで父に死をもたらした（かもしれない）密かな祈りをどれだけ深く後悔していたかを思い知りました。あの出来事は私の中でずっと終わらないままだったのです。終わらせようにもそのすべがありませんでした。

しかし、だからこそ私は『奇跡のコース』を必要とし、心から求めていたのだということがわかります。私のコースの学習は、そのときスタートしたような気がします。

父を殺したこの私に「罪がない」というのはいったいどういうことなのだろう、まったくわからないから教えて欲しい、と私は心の底から聖霊に答えを求めました。それからは、この教えを誰かと分かち合うように導かれていくことになりました。

あなたは何も間違ってはいません。

あなたには罪はありません。

相手の目をしっかりと見つめて、その奥にある魂に話しかけるような気持ちで、この言葉を必要とする、たくさんの人たちに伝える機会に導かれました。

『奇跡のコース』から私が受け取った慰めを、それを必要とする誰かに与えることができることを私は心から感謝しています。そうすることで私自身がその慰めを受け取ることができるとコースは教えています。いま私は「本当にその通りだ」とあなたに伝えます。『奇跡のコース』から受け取った愛を、誰かと分かち合うためにふさわしい場所にあなたは導かれます。あなたはそこで一緒に癒されるのです。

インスピレーションが生まれる本

『奇跡のコース』を読んだことのメリットは限りなくありますが、そのひとつに心が自然にインスピレーションを受け取るようになることがあります。これは突然そうなるという意味ではありません。『奇跡のコース』が自我の世界とまったく異なる世界観を提示してくれるので、最初はまったく意味がわからなくても声を出して読んだり、クラスや勉強会においてみんなで『奇跡のコース』について考え、話しているうちに、知らず知らずのうちに「聖霊の思考」に思考体系の土台が移り変わっていく、という感じだと思います。これは通常の本でも似たようなことは起きるかもしれませんが、『奇跡のコース』ほど徹底的にこのことだけを追求した本は他にはないと思います。

著者の想いがいまも生きていて、読者が単なる読者ではなくその著者と直接ふれあい、体験を共有し始めるような本。『奇跡のコース』はまさにそれが目的です。あなたの心の中にいるキリストとの関係を作っていくために生まれたのです。私の経験ではキプロスのダスカロス氏の書いた本、最近では『アナスタシア』などもまさにそういう体験を呼び覚ましてくれました。書いた本人がいまも私たちに想いを向けているからだと私は認識しています。私もそういう人になりたいと心から願っていますが、まだ自分のことしか考えていない時間がほとんどなので、進歩の余地は大いにあります。

2012年10月に来日した『奇跡のコース』の教師のジョン・マンディさんにお会いしたときに、「『奇跡のコース』を書き取ったヘレンさんにもともとシェイクスピア、そしてフロイトの素養があったから『奇跡のコース』のような内容を受け取ることができたんだ」と語っていたのは印象的でした。土台がなければ種をまいても育たない、ということだと思います。

『奇跡のコース』はその土台を育てるための本です。種のまき方（テキスト）、まいた種をどうしていけば花が咲くか（ワークブック）、咲いた花から採れた実はどうすべきなのか（ティーチャーズマニュアル）、というように至れり尽くせりです。

イエスは本当に本気なのだということが、『奇跡のコース』からはひしひしと伝わってきます。

そして私たちがそれを受け取る価値を最大限に認め実践することで、本当に幸せになれます。

『奇跡のコース』のわかりにくさについて（その1）

疑問です。

「何でシンプルなことを、こんなに長く説明しているのですか」

「『奇跡のコース』は、何でこんなにわかりにくいのですか」

『奇跡のコース』を学び始めたばかりのクラス生から出てくる質問のなかで、もっとも典型的な疑問です。

私も初めのころはまさにちんぷんかんぷんでした。それでも心が「これだ」と確信していたので続けることができましたが、わかりにくいと感じていたのは同じです。

こうした投げかけは、質問の形をとっていますが自我の抵抗と理解することができます。わからない自分がまるで神から馬鹿にされているような被害者意識。または頭の悪い自分を責める罪悪感。もしくは早く真実を知りたいのにわからないことに対する焦り、憤りのようなもの。どれも私たちの心から平安を奪うには破壊的な効力を持ちます。

これらはどれひとつとして持っていることにメリットはありません。これらは生活のどんな場所においても破壊的な力を持つことは言うまでもありません。

『奇跡のコース』を読むことは、まさにそのような自分の姿に直面させられることになります。

それは自我に代わって聖霊との関係を築いていくうえで要《かなめ》のプロセスです。自我がどのように私たちの心を支配しているかに気づき、それを聖霊との関係に置き換えていくことが求められるのです。自我との関係を見ないまま変えていくことは不可能です。

『奇跡のコース』にはこんな表現があります。

「複雑さは自我から来るのであり、明白なものを不明瞭にしようとする自我の企て以外の何ものでもない」（テキスト第15章4―6―2）。

私の経験からも『奇跡のコース』を難しい、わかりにくいという表現をするのは不適切だと思っています。『奇跡のコース』のシンプルな世界観を受け入れたくないという、自我の意見に導かれた心の一部が抵抗してそのように表現してしまうのだ、と理解しています。

ただし、『奇跡のコース』に出会ったのですからそのような自我に導かれた部分は、やがて根こそぎにされていきます。それはただ時間の問題です。これは後戻りのできない選択です。真実に背を向けても幸せになれないことは、心が知っているのですから。

『奇跡のコース』では時間を短縮する、というユニークな考え方があります。これは時間の終わりを早める、という意味です。時間には終わりがあり、私たちの学びが終われば時間と肉体が存在していないもとの状態に戻る、そのときを早める、ということを表す言葉です。

自我にとってそれはまるで自分自身の消滅、もしくは世界の終わりのように思えるのですが、時間の終わりを迎えることが怖くないように、『奇跡のコース』はそのときを幸せな夢を見ながら楽しみに待てるようになるための教えであり実践方法です。それが『奇跡のコース』の地上的な意味での目的です。目が覚めれば『奇跡のコース』も必要ない、あなたに先生がいらなくなることが『奇跡のコース』の目的だ、と述べているところも『奇跡のコース』が好きな理由です。

あなたが自分の心を教師とするだけで誰かに導かれる必要などない、ということ。誰かに導かれることに窮屈さを感じていた私には『奇跡のコース』は魅力的でしたし、それはいまでも変わりません。私のクラスもできる限り、それぞれが自由に取り組めるようにと願っています。

『奇跡のコース』のわかりにくさについて（その2）

逆に『奇跡のコース』がわかりやすかったら、と考えてみるとその意義がよく見えてきます。私たちが「わかる」「わかりやすい」というのはどういうときでしょう。

私たちの心の中には、すでにさまざまな情報が整理されたファイル棚があります。そこには分類されたたくさんのファイルがあって、新しく入ってくる情報をそれらと比較して整理しています。「わかった」という感覚は、新しいファイルを棚のどこに入れればよいのか。それは、以前のデータとどういう関係にあるのかが理解できたということを示しているのではないでしょうか。

また、以前のファイルに比較対象がないものは新しいファイル棚を増やせば入れられますが、もう新しいものは入れたくないとファイル棚を閉ざすこともできます。頑固な人というのは、こういう感じになっている人かもしれません。これらのファイルには、「私のファイルは正しい」、「親からもらったファイルはいやだけど捨てられない」などいろいろな思い、感情が付随していることでしょう。まさに信念と思い出のファイル棚です。

さて、『奇跡のコース』というファイルにあなたは出会いました。これは「いままでのファイル棚に整理されてしまうこと」を明確に拒否している教えです。「ファイル棚」の存在そのものに疑問を呈する教えです。

そのファイル棚は、あなたなのだろうか。

そのファイル棚は、あなたを幸せにしているだろうか。

「もしあなたが幸せでないのなら、もうひとつ別のファイル棚があるのだよ」と語りかけています。

古いファイルで暮らしてきた自分の人生に違和感、絶望感を覚えていた人にとって、新しいファイル棚を作っていくことは最初は大変ですが、必ず楽しい経験になります。

新しいファイル棚には新しいデータが入ります。データ、記憶が私たちの反応を作り出すのなら、データが変われば反応が変わるのは必然です。『奇跡のコース』からは体験が生まれ、それがみなと分かち合われることでデータ自体が力を持って生き始めるかのような新しい経験が生まれます。

『奇跡のコース』はこの新しいファイル棚の作成を手伝う教えだと言えます。それは古いファイル棚からすれば脅威です。自分が捨てられるような感覚が古いファイル棚にあるのでしょうから。

しかし古いファイルを捨てる必要もありません。それらはただファイルとしての魅力がなくなっていく、というだけなのです。

新しいファイル棚は、あなたを幸せにしていくものです。それが実感できるには、時間がかかります。古いファイル棚も長い時間をかけてあなたが作ってきたのですから。その時間をかけるために『奇跡のコース』のわかりにくさがあると私は思っています。

わかった感じがしないように、間違って古いファイルに入れないようにと。でも新しいファイル棚ができてくると、あれほどわかりにくかった『奇跡のコース』が心に響いてくるようになるのは、『奇跡のコース』を学ぶ最大の楽しみのひとつだと思います。私もいまでもそういうことがあります。「そうか、これはそういうことだったのか」と楽しい発見がいつまでも続くように思えます。

また古いファイル棚は「一人」で作ったので労力も時間もかかったのですが、新しいファイルを作る作業はそれとは比較にならないほど早く作ることが可能です。なぜならそれを手伝ってくれる存在がたくさんいるのですから。

これがわかってくると孤独ではなくなります。仲間がたくさんいることがわかれば、ここは天国のような場所になります。もともと天国しかないのです。もし『奇跡のコース』がわかりやすかったら、つまりそれは古いファイル棚に入りやすいものだったら、私たちは間違えて古いファイル棚に入れてしまうかもしれません。そしてため息をつきながら「結局『奇跡のコース』にも私は救われなかった」などという自我の意見を真に受けてしまうことでしょう。

『奇跡のコース』は読むという作業に加え、デイリーワークブックのレッスンという明確な実践方法があるのが特徴です。「やるかやらないか」だけなのです。

厳しい教えでしょうか。私はNOと答えます。これほどやさしい、かつ優しい教えはありません。ただ書いてあるとおりにシンプルに取り組めばよいのですから。

心を変えた結果は、必ずあなたの生活に現れてくることでしょう。私はそれをご縁のあるみなさんとずっと楽しんで生きていたいと思っています。

公平さ

この仕事をしていると、「あなたは不公平だ」「矛盾している」というメッセージが届くことがあります。「あなたは『奇跡のコース』を学んでいるのだから、私を公平に扱ってほしい」「あなたは『奇跡のコース』と矛盾している。おかしいではないか」という内容です。

同じ地上の人間として、これらの言葉の奥にある感情が伝わってきます。『奇跡のコース』から学べるもっとも重要なことのひとつは「攻撃は助けを求める呼びかけである」ということです。もしこのメッセージを理解せずに私が彼らを公平に扱ったり矛盾しないように努力したりしても、それは何の解決にもなりません。彼らが求めているのは公平さでも矛盾の解消でもありません。「私を愛してほしい」「私の愛を認めてほしい」と言っているのです。

そしてこれは、言葉や行動で証明すべきものでもありません。必要なのは、私の心がそれを聖霊とともに受け入れること。それによって聖霊は彼らの心に同時に働くことができます。私の役割は、私の感情を聖霊の祭壇に捧げること。そのあとのすべての訂正は聖霊の仕事です。

『奇跡のコース』では「聖霊の役目、訂正をあなたがしないように」「相手を変えようとしないこと」と言います。すべきことはただひとつだけです。心に平安があれば、投影の世界であってもすべてに平安が生まれていきます。あなたが望むものが心の平安なら、それはいま手に入ります。すべてはいま目の前にあるのですから。

そしてこのメッセージを届けてくれた人たちは、私の仕事を手伝ってくれている兄弟ということになります。彼らは私のために来てくれた。私のゆるしていない部分をゆるす作業を行うために。そして一緒に幸せを分かち合うために。私たちは一人では決して幸せを味わうことはないのですから。

「最後の戦い」

『奇跡のコース』を実践していて経験することには、思いがけないことも含まれてきます。これは自分の中にある愛の自覚を妨げる障害物（恐れ）を取り除く、という意味で重要な経験のひとつです。わたしの場合はこんなことがありましたよ、というひとつの参考になるかもしれませんので紹介します。怖い話が苦手な方は読み飛ばしてください。

『うしろの百太郎』という古い漫画をご存知でしょうか。つのだじろうという漫画家の代表的な作品で、心霊世界を描いた漫画としては傑作のひとつだと思います。なぜこんな話をするかと言うと、この中に私のもっとも恐れる投影の世界が現れていたからです。

それは「人間が動物霊に取り憑かれる」というパターンです。動物霊に取り憑かれた人間は狂気にとらわれとんでもなく冷酷かつ残酷になる、そのような投影を私の心から引き出すのに十分な力を、つのだ氏の漫画は持っていました。そんな漫画を自分で読んでいたのですから、「投影することを自ら選んで、それを愛している」というコースの説明にはグウの音も出ません（笑）。

それはさておき、この前振りが必要なのは、私の心霊体験の終わりにこの恐れが重要な意味を持つことになるからです。私の心霊世界における「最後の戦い」をお話ししようと思います。もしコースの教えがなければ、これらはいまでも続いていたかもしれません。

私は大学生のころから結婚したばかりのころにかけて、たくさんの心霊体験をしてきました。小学生のころに「あなたの知らない世界」という怖い番組があってよく観ていたのですが、それをまさに体験していたと言ってもよいと思います。

それらはとても恐ろしい経験であると同時に、話すと人の気をひくことができるという意味では魅力的でもある、という何か矛盾した状態を生み出していました。かつて学習塾の先生をやっていたとき、授業中の生徒の気分転換に話すネタとしてはとても役に立ちました。でもそういう話が好きではない生徒たちに怖い思いをさせたことはちょっと申し訳ないな、と思っています。彼らの心に聖霊の働きがあることを信頼して話を続けます。

それが起きた夜は、いつもなら寝室に一緒にいる美保さんがタロットの勉強のためにヨーロッパに出かけていて一人で寝ている深夜のことでした。怖い思いをするにはぴったりな状況が選ばれています。夜中の2時ぐらいだと思いますが、顎のあたりに嫌な違和感を覚え、だんだんと目が覚めてきました。

すると何者かの手が私の首根っこを力強く押えこんでいて、何とかしようにも体を動かせない、という完全に不利な状態に陥っていました。「これはいったい何者なのか」。私はある意味ではこのような経験をそれまでに多くしていたために、怖いことは怖いのですが「また来たな」くらいの気持ちの余裕はありました。

もちろん「生きている人間」が侵入してきたとは初めから思っていません。そのほうがもっと怖いですし、それだったらもっと抵抗するだろうと思いますが、このようなときはなぜかその相手が肉体のない存在だ、とわかるのは不思議です。

それはともかく、首根っこを押さえられて動きを封じられているために動けないのですが、どんな相手か確認しようと思って目を開けてみました。見た途端に「見なきゃよかった」と思うような相手でした。なんというか「猫に取り憑かれた人」と言うしかないような、恐ろしい形相の人間（？）だったのです。

このとき私の恐怖心メーターはマックスになりました。あの『うしろの百太郎』の「動物霊取り憑かれシリーズ」の怖さが心の奥底から蘇ってきたのです。目の前にいるのはもっとも恐い存在、動物霊に取り憑かれた何者かだったのです。私の心は恐怖心でいっぱいになりました。彼はずっと無言で私の首根っこを押さえつけたままです。

しかし、このとき私はちょうど『奇跡のコース』を学び始めたところでした。私の心にコースの教えがふと蘇ってきました。

「ただ神の子の癒《いや》しのためにこの世界があることを忘れないでほしい」

（テキスト第26章6―4―1）

ずっと首根っこを強く押さえられたまま、恐怖で息苦しくなりながらも考え始めました。「この猫人間は私のために来たんだ。私が自分の恐れに直面して、それを愛だと見るか、恐れだと見るかの貴重な体験の機会をわざわざ提供してくれるために来てくれたんだ。私が一番怖がる猫に取り憑かれた人の姿をして、そして美保さんのいないひとりぼっちの夜という最高のシチュエーションを選び、絶対に逃げられないように、つまり絶対に私が失敗しないようにという深い思いやりを持って私の首根っこをいま押さえてくれているんだ」、そう思えたのです。そして心から「本当にありがとう！」と首根っこを押さえられたまま猫人間に心で伝えたのです。

そのときでした。首から手を離したその「猫」が「ニャンコ先生」（参考・「いなかっぺ大将」川崎のぼる）のように可愛らしく踊りながら（マジで?!）部屋を出て行ったのです。家の外にいた実物のノラ猫たちも、そのとき喜びの合唱（？）をしてくれていたのが聞こえました。恐ろしさのあとの、あまりの予想外の展開にあっけにとられながらも、「素晴らしい経験をした」ということは感じていました。

猫を見送ったあと、本当に嬉しく幸せな気持ちになっていました。

「怖がりなあなたが怖がっていたまま、怖さを隠したままでは兄弟たちに愛を教えることはできないんだよ。あなたの心霊現象への恐れは、それを本当に終わらせるためにあったんだよ」

この忘れえない体験は、「私の〝恐れ〟を、愛という本来の姿に戻すために起きたこと」だと実感しています。「猫に取り憑かれた人からニャンコ先生へ」という絶妙なキャラを選んでくれた聖霊の働きに、心から感謝せずにはいられません。

このあとそれまで繰り返されていた心霊現象はなくなって、ほんの少しだけ寂しい（？）と思っている矛盾した自分がおかしいです。地上にいる人間の心は、どんなに愛を学んでいっても矛盾は消えないかもしれません。それでも、いまは矛盾をなくさなくてもそのままで完全に愛されている、とわかったのは幸せなことでした。

聖霊の導きによって障害物がどのように現れるかは、それぞれの人によって綿密に計画されている、とコースは言います。それぞれがふさわしい経験を通して恐れとのつき合いの最後のときを迎えることになるのだと思います。どうぞお楽しみに、とは言えませんが、私はいつも聖霊とともに絶対に何があっても大丈夫だと信頼しています。

私のこんな夢のような話におつき合いいただきありがとうございました。

ジョン・マンディさんと香咲弥須子さん

２０１２年10月27日（土）は、私の人生の大きな転機になりました。アメリカで『奇跡のコース』を教えている香咲弥須子さん、そして『奇跡のコース』を書き取ったヘレン・シャックマン氏とも直接、親交のあった教師、ジョン・マンディさんの来日セミナーにゲストスピーカーとして参加させていただけたのです。

私は大学時代に香咲弥須子さんを小説家として知っていました。私が『奇跡のコース』に出会ったあとで、香咲さんがニューヨークで『奇跡のコース』の教師をしていることを驚きとともに知りました。その香咲さんと、そして『奇跡のコース』の教師としてもっとも長いキャリアを持つ人の一人であるジョン・マンディさんと同じ場所に自分がいて仕事ができた、というのは私にとってはまさに奇跡と呼ぶにふさわしい一日となりました。

『奇跡のコース』に出会ったころ、コースを学んでいる人が周りにいなかったため、ずっと独学で学んできました。ですからこのセミナーで初めて教師から『奇跡のコース』の話を聞くという体験をすることができました。

これは本当に素晴らしい経験になりました。『奇跡のコース』の話を聞くために集まってきた80名の人たちとともに、生きている人間が真理を語る言葉に耳を傾ける、というのはそれだけで幸せなのだ、ということを実感しました。

これは、その会場にいた方はすでに知っていることを聞いている、という不思議な状況です。通常のセミナーは何か新しいことを学ぶために行くものだと思いますが、このセミナーはそうではありません。もちろんジョンさんならではの表現はありますし、発見もさまざまにありました。ただそれは『奇跡のコース』という世界観、思考体系を持っていれば日常の生活でも見つけられるものです。

それでも幸せだったのです。新しいものが好きで同じ話を繰り返し聞くのが苦手な私が、すでに知っている話をただ聞いているだけで幸せになれる、ということは大きな発見でした。

この日に香咲さんのお話の中で印象に残ったのは、「新しい真実というのはないのです」というメッセージでした。まったくそのとおりです。真実とは永遠なのですから。変わるはずがありません。そしてシンプルなはずです。神が真実で、真実を創造したのであればそれが特別な人にしかわからない、などとは思えません。誰にでも理解可能なはずです。

ジョンさんのお話でもっとも印象に残ったこと。それは「人は何によって目覚めるのか」というお話でした。「みなさん、何だと思いますか。それは瞑想などではないんですよ。絶望なんです。絶望自体は目覚めではありませんが、そのきっかけになるのです」

本当にそのとおりだと思います。もし人生がそこそこ幸せなら、私は『奇跡のコース』を求めることはなかったでしょう。人生ってこんなものだよ、と思いながら、だらだらとぬるま湯のような幸せの中で単調な日々を過ごしたことでしょう。ほとんど自分の考えを持たず、誰かの意見が自分の意見だと思い込んで誰かを簡単に非難したりしたでしょう。自分が他の人に比べて幸せなことに感謝していたでしょう。そして自分をよい人だと信じたことでしょう。

それがまったく見せかけのものだったことを、死は教えてくれます。そのような人生は、死によってすべてを奪われるのですから。死の影が追いついて来るまでは幸せだということに過ぎません。死を目の前にすれば、治療という形で抵抗するか、ただあきらめて死を受け入れるしかありません。そして死によって失われるこの人生とはいったい何なのだろうという、もっとも重要な問題について考える時間はほとんど残されていませんし、仮にその問題への答えが見つかったとしてもそれを伝える時間がありません。そのようなことが後悔となって、次の人生に引き継がれて来たのだと思います（『奇跡のコース』では輪廻自体が夢の世界で起きていることであり、実際には存在していない、という考え方をします）。

今回の人生では、そういう思いをしたくないという方々が『奇跡のコース』に出会う動機を持っています。最終的には全員が持つものですから、これも単に時間の問題ということになります。

私たちが作り出した死の夢という絶望から覚めること、それが死の持つ唯一の意義です。永遠の生命に対して心を開くこと。自我はそれを疑い、心を閉じようとします。『奇跡のコース』は問いかけます。「死を信じるあなたが正しいほうがよいのだろうか」「それとも永遠の生命である神と神の子があなたであるほうがよいのだろうか」と。

すぐに答えはでませんが、答えを本気で出したい人のために『奇跡のコース』はとても役に立ちます。たくさんの神秘学、哲学を学んだジョンさんに聞いてみたいことがあったので、対談のときに質問してみました。

「あなたはたくさんの教えの中で、なぜ『奇跡のコース』を教えることを選んだのですか」

彼の答えは明確でした。

「It works！（効果があるから）」

私も同じ答えです。私にとっては、これ以上の教えは地上に存在していません。出会えたことが本当に奇跡のようです。そして、こうしてその奇跡をわかちあえること、そのための時間があることが本当に幸せです。

今日はこんな言葉に出会いました。

「いまいるあなたは、未来のあなたが後悔したことをやり直すために、戻ってきた」

本当にそのとおり。もう後悔したくない。その決心が人生を作り上げてきたし、これからも何かいままでにない体験を生み出していくのだろうと信じています。

私はあなたが『奇跡のコース』に出会えたことを心から祝福します。

本当の幸せとは

私は子どものころから、ずっとこの世界から出て行きたいと思っていました。子どものころから、なぜかここは私の居場所ではないと感じていたのです。だから『奇跡のコース』に出会ったとき、本当にほっとしました。「ここはあなたの居場所ではない」と保証してくれたのですから。

それからは早く私の本当の場所に行きたいと、ずっと焦っていました。しかし、長く『奇跡のコース』に触れてきて、ふと気づいたら私はいまの世界が永遠に続いてもよいと思えていたのです。明日も同じ一日がよい、と。朝が来て、神棚の水を替え、犬の散歩をし、朝食を取り、仕事をしてランチを取り、また仕事をして、家に帰って家族と夕食を囲み、何かしたいことがあればして、なければ寝てまた次の日が始まる……以下エンドレス。

そんな私の人生は本当に幸せなのだ、と。なぜならば、私の周りにいる人たちがみんな優しいから。私を愛してくれているから。今日、目の前にいるみなさんも、本当に優しいから。**ここが「私**

の天国」なんだと私の心が言うのです。
『奇跡のコース』は、私に本当に奇跡を起こしてくれました。

そしてあなたにはあなたの道があります
あなたの心が本当に満足する道があります
あきらめてはなりません
全員にあるのです
本当はそれだけが存在しているのです
誰かにはあって他の誰かにはないようなものは
本当には存在していないのです
私はあなたの心を導きます
これからもいままでと同じように
導くものと導かれるものがひとつになるとき
ときのおわりまで
あなたは私を永遠の中で愛してくれているのですから

聖霊に導かれて

この原稿を書いているいま現在、私は日々、『奇跡のコース』のクラスをさせていただいています。通って来てくださっているクラス生のみなさんとは長いつき合いになり、親戚同士よりもお互いの人生をよく知っているのではないかと思えるくらいです。

しかし、あくまでも過去は重要ではありません。過去の価値はそれが終わっていることだけにある、というのが『奇跡のコース』の教えです。何よりも大事なことは、今日、いま、幸せであること。クラスの目的はそのひとつだけです。

ですからクラスの間中、それぞれの体験から生まれるインスピレーションが楽しくて、みんなで大声で笑っているような時間がほとんどです。もちろん笑えないような出来事がないわけではありません。『奇跡のコース』に出会う方のほとんどはものごとを深く考えるタイプ、哲学的なことへの興味をもともと持っているような方々に見えます。

深く考えすぎて苦悩する人生を送ってきたようなみなさんにとって、笑いすぎてお腹が痛くなるようなことのために、つまりみんなで幸せになるために思考は使える、聖霊に使ってもらえる、というのはすでに奇跡のひとつだと思えます。

すべての能力を聖霊に使ってもらう、つまり能力はみんなで幸せになるためのものであるという『奇跡のコース』の考え方は、実際にそれを実践してみるとごくシンプルです。聖霊に導いてもらってみんなで幸せになるという決心以外必要ないのです。何の準備もしないで人と会うことで、常にその場で必要な新しいアイディアが心に浮かび、それをわかちあうとお互いが幸せになれる、自分と相手の幸せを創造する力が自分自身に備わっていることで自分の価値を確認できるのです。

このクラスに来ているほとんどの人は、私も含めて地獄のような経験がきっかけとなって、しかしあきらめることができずに求めた結果、『奇跡のコース』の教えにたどり着いたのだと思います。誰かと心の底から笑い合える日が来るなんてとても信じられない、そんな深い悲しみの日々があったのではないかと思うのです。そうでなければ真剣に答えを求めたりはしないでしょう。そしてその思いがあなたをここに連れて来たのは明らかです。どんなに自分は弱いと思っていても、人はみんな自分の力で歩いているのです。

自分は弱いと「強く」信じ込んで弱い自分を作り出して、それでもあきらめずに幸せを求めて精一杯生きているのです。私はその姿を本当にいとおしく、美しいと思います。ですから私は初めて会った方が永遠に続く地獄のような状況を話してくださったときには、その人の瞳の奥を見つめて語りかけます。

「その問題は必ず終わる時がきます」

「あなたは何一つ間違っていません」

「絶対に大丈夫です」

私の心には、その人が時間の終わりにいる姿が浮かんでいます。そしてそれは、私たちの知っている宇宙の向こう側につながっていることがわかります。そのことをこの宇宙の内側では忘れてしまうのですが、私の心はこれ以上ないほどはっきりとそれを見るのです。

そこには子どものころから私が想像（妄想？）して見ていた宇宙の外側のような、静かな世界があるのです。それを思い出させてくださる目の前の兄弟に心からの感謝を捧げます。その瞬間を一緒に作った私とその人に聖霊からの感謝が心に伝わってきて、幸せというものがここにあることを私は知ります。いま、ここ以外の他のどこにもない、そんな思いでクラスをさせていただいています。

私は『奇跡のコース』を教えているのではありません。私はクラスにいらしてくださっているみなさんからただただ愛してもらっている、そんなふうに思っています。それがイエスの思いでもあるのです。イエスからは感謝だけが伝わります。私も感謝だけを伝えます。それ以外のいったい何が魅力だというのでしょう。

私は、かつて自分さえよければ他の人がどうなろうと関係ない、嫌なことからはできるだけ逃げてしまおう、本当に逃げる場所がなくなったら死んでしまえばいい、と長い間思っていました。もともと自分から頼んで生まれて来たわけでもないし、と。そしてそんな自分を心の底から軽蔑し、憎んでいました。

それなのに同時に「そんなはずはない」という思いがあったのも事実です。「こんなのが自分のはずはない」という不思議な確信もあったのです。でもそれは根拠のない、バカげた傲慢さとしか思えませんでした。

ですから、そんなどうしようもなかった自分がいまこんな重要な仕事をさせていただいているのはとても不思議なはずなのに、やはり心のどこかで「こうなるのは当たり前のこと」だったという気持ちもあるのです。

そう、幸せになるのは誰にとっても当たり前のことです。いま私はこの本を読んでくださっているあなたに心から語りかけます。

あなたは必ず幸せになります
いまは想像もできないほどの

私もまたどんな幸せが用意されているのか、想像もつきません。でもそれを経験することだけは避けられません。私たちはだれひとり神を避けることはできないのです。私は毎朝、今日もみなさんと一緒にそれを喜びたいという気持ちで一日を始めます。

今日、私に奇跡を見せてください
私に奇跡を手伝わせてください

聖霊に心を満たしてもらい、私は愛犬の朝食の準備から愛する一日を始めます。
Have another miracle day!

3
Letter from Home
～故郷からの手紙

宇宙兄弟 01

子どものころに星を見上げていたすべての大人たちへ

あなたは星を見上げていた
何時間でも
まるで時間などないかのように
そう　宇宙には時間はない
地球にあるだけだ
そう感じると幸せになれた
それは真実だから
あなたがたくさんの星の中から
ひとつの星を選んで見ていると
その星にいる誰かが
こちらに気づいたようにあなたは感じていた
光が届くよりも早く

そう考えると嬉しくなっただろう
あなたの兄弟はどの星にもいる
あなたが気づいてくれたことを兄弟も喜ぶ
その喜びが伝わってくるから
あなたは星を見上げていた
すべての星があなたを見つめていると感じたことはないだろうか
そのとおりだ
あなたは一人ぼっちなどではなく
みんなとともに永遠に幸せである
宇宙は永遠に幸せに満ちている

光について　01

あながいま見ているのは光である
どの夢の中でも光だけが存在している
あなたは光の色　濃淡の差よって「輪郭」を作り出し
「かたち」の世界を作り出してそれに「解釈」を与える
これらの知覚から解釈への一連の作業は
常に一瞬で行われている
この作業を自分が行っているということさえ気づかない
あなたはこのことを「全心全霊」で望み
実行してきた結果としていまの世界がある
しかしあなたが見ているのは光である
この光はどこから来たのだろう
子どものころ思わなかっただろうか
光はどこから来ているの
光はどこで生まれたの

どうしてなくならないの
光のお父さんは誰なの
わたしたちはみんな光の子どもなの
幼いころはうまくことばにできなかっただけで
あなたはこう感じていただろう
私は知っている
あなたが知っていることを
決して忘れないようにして
あなたの心に置いたのだから
いまあなたの心は何を感じるのだろう
いまあなたが何かを感じることを心に許せば
あなたはわたしとともに感じられる
あなたはわたしであるということを

手放すこと

これからあなたが何かを失うということはない
失うものがただひとつあるとしたら
何かを失うという経験と　それに伴う感情だ
それはなくなったほうが幸せなものだが
あなたはもうそれを十分に経験して
知ったのではないだろうか
だからこそ　何かを探し始めた
そして答えをついに見つけた
答えは意外なものだったかもしれないが
１００年後の世界で　いまあるすべての問題が解決され
みんなが幸せに生きていることを想像してみてほしい
あなたがそれを望むならそれが結果になる
あなたの力はそのようなものだ
あなたはわたしなのだから

宇宙兄弟　02

あなたは宇宙を物質というベールで隠している
宇宙を物質として知覚するなら
そこには何もない真空の膨大な空間がただ広がっているように見える
しかしあなたの心は知っている
宇宙空間が無駄に広がっているはずなどないと
空間は物質と物質の間の何もないすきまとして認識されるが
もし光が波なら宇宙をどうやって旅しているとあなたは言うのだろう
波は振動する媒体がなければ伝わることはできない
真空は存在しない
真空に見える空間をあなたが認識しているだけだ
あなたの認識があなたの真実を創造している
認識を変えれば真実は変わる
しかし変わる真実は真実ではない
あなたが真実を求めるなら

すでにある真実を受け入れることだけが必要なこと
空間は存在しない
光が永遠に存在している
そして認識によって捉えることのできないものがあなただ
あなたが認識することを手放すとき
自分がわかってくる
認識を手放してもあなたは何も失わない
手放したときあなたは
「なぜこんなものを大事にしていたのだろう」と
きっと不思議に思うはずだ

数字の1

あなたはしばしば1という数字が並んでいるのを目にすることに気づいている
もし天使が話しかけることばが聞こえたなら
あなたが1を見るときはこういっているだろう
「いまあなたの考えていることは『未来の雛形』としてふさわしいかな」
「未来は過去からではなく
いま　あなたの思考によって作られている
これに例外は存在しない」
「いま考えていることが現実になったら本当に幸せかな
つまり仮にそれが100年続いてもいいと思えるような幸せかな」
「100年でも1000年でも続いてもいいと思えるような幸せはどんな幸せだろう」
この問いかけについて考えることは
考える以上のことを生み出す
心に正しく考えさせることは
心の本来の力をよみがえらせることにつながる

あなたは常に自分の思考に注意を払う必要がある
あなたが考えていることは
あなた自身とあなたの世界にいるすべての兄弟に影響を与えている
影響を与えていることを知らなければ
ただ影響を受けるだけの
主体性のない人生を生きることになる
思考はあなたの決心と言い換えてもいい
決心すべきことはひとつだけだ
自分は何を選ぶのか
ひとつは自由な世界
もうひとつは不自由と自由が存在している世界
このふたつは決して共存しない
誰もが常にこの選択を無意識にしている
正しく選べば心に平安があるのは明らかなのと同じく
もう一方を選べば平安が失われるのは必然的
あなたが選んだから
それに力が与えられるのだ

あなたはそのようにして何かに「力を与える」存在だ
あなたは何に力を与えているだろうか
本当に望んでいるものだろうか
自分でよく見てほしい
もし間違えていると思ったら
もう一度選んでほしい
それが私の願いであり
そしてあなたの願いでもある
つまり　すべての人の願いなのだ

光について　02

あなたは光である
そしてその光の前に自分の好きなフィルムを置き
さらにその先にスクリーンを置いて
まるで映画を見るように
さまざまな物語を映し出してそれを楽しんできた
「あなたは光である　それが真実だ」といわれても
「本当だろうか」とあなたは疑うかもしれない
もし光がなかったら
フィルムとスクリーンは何の役にも立たず
映画は見られない
あなたが現実の世界と呼ぶ映画を「見ている」こと
それ自体があなたが光であることの証明なのだ
光がなければ映画は決して見られない
あなたは映画を見続けたいのだろうか

それとも光とは何かを知りたいのだろうか

心を使うこと

頭を使うのをやめて心を使いなさい
心を使うとは
愛であなたの世界を支配することです
愛による支配とは
世界を完全に自由にするという意味です
それは世界を元の姿に戻すことです
そのためにすべきことは何一つありません
恐れの支配をやめるという決心だけを
あなたの心の祭壇に捧げてください
何度失敗しても大丈夫です
私があなたを手伝います
どんなあなたでも
あなたであることが私の喜びなのです
あなたが私をいまこうして喜んで迎えてくれているように

宇宙兄弟　03

こんなふうに言うこともできます
宇宙とは無限を区切り
有限な球形の空間として自分で作り上げたもの
空間に時間という概念を生み出すために
星という物質を生み出し
移動する姿に「周期」を与えました
「永遠」という概念を使うことだけはできないので
星の周期は永遠のように見えてもいつかは崩れ
壊れてしまいます
それと同じく星に結びつけた生命にも
「寿命」という仕組みが備わります
星も人間も限りある命が生まれ変わり
まるで永遠にその周期が続くかのように見えるところまで作り上げました
ここまでが神なしで取り組んでみた「永遠プロジェクト」の限界です

「宇宙空間」という不思議な区切りは
その内側から見ればとてもリアルなのですが
その外側からは存在していないほどの
かすかなものなのです

リーダーシップ

この世界ではそれぞれが意思を持ち
勝手に行動しているように見える
それを私たちは「自由」と呼んできた
しかしその結果
何が起きているかはあなたが目にしているとおりだ
誰もが勝手に生き
自由の名の下で不自由な思いをしている人たちが放っておかれている
不自由さを克服するために「行動」を起こしても
またもやこの「自由」に行き当たる
今度は「自由」のためという金看板のもと
またもや不自由さを克服するためには
こうあるべき　こうすべきであると
誰かの自由を制限するようなことになってしまう
どういう行動をするか

その意思について選ぶ権利がある世界で
ばらばらな意思がある状態に対し
リーダーシップを働かせて意思を統一しようなどという行動に出ると
人間の本質的な自由をさらに遠ざけてしまうことに
あなたはすでに気づいている
本当のリーダーシップとは
みんなの意思をひとつにすることではない
もともと意思はひとつだと自分で認めること
そして　そのひとつの意思とともにただあり続けることだ
それがみんなに伝わっていった結果
あなたが行動すべきことはほとんどなくなっていく
あなたの「存在」そのものが働くようになっていく
そのときあなたは自由であり　本当の意味で行動的になれる
行動する必要などなにもないと理解したからこそ
どこにでも出かけていける

価値判断

あなたは本来
価値を判断する存在として生まれていない
あなたは創造し
愛するために生まれた
あなたには絶対的な価値が与えられている
それを疑うことは不可能だ
ただ自分の価値を疑うことができるという思い込みがある間だけ
またそれによって何かが手に入ると信じている間だけ
それが可能となる
自分や他の誰かが評価をしても
それが自分を幸せにしないと気づいたとき
あなたの人生は大きな転回をはじめる
常に続く価値判断に使われていた膨大なエネルギーが
創造に使われはじめるのだ

投影について

あなたは投影をしているときでも
源とつながっている
源の力を借りなければ投影をすることはできないのだ
そしていくら孤独な投影の世界を作り出しても
そのつながりが失われることは決してない
投影の世界を知覚しながらその源を見るという決心があれば
あなたはいつでもその源を「見る」ことができる
それはただ知覚が変化しただけなのだが
あなたは世界が一変したように思うだろう
ただそれは過去と比較したときだ
やがてそんなことをする必要もなくなる
あなたが怖がっていたものを怖がらなくなったら
どうしても手に入れたかったものがほしいとは感じなくなったら
それは奇跡のようなことだ

あなたの決心がついにそうさせたのだ
自分の源をすべての人と同じだと認め
分かち合うあなたの世界は天国のように見えてくる
それを認めれば誰もがあなたの兄弟なのだから
そしてそれは永遠に続く
時の終わりは永遠につながる
何一つとして恐れることはない
私はいつもあなたとともにいる
あなたがいましばらく夢の中にいる限り
投影は続いている
あなたが投影を本当にやめるとき
それはすべてとともに生きていることが本当に思い出され
一瞬も死の影に魅力を感じなくなったとき
あなたの兄弟の誰一人として自分を見失うものがいなくなる
すべてが目覚める
あなたに用意されている時間の中の「最後」はことばにすることができない
だが楽しみではないだろうか

それを楽しみだと感じられるようにあなたは準備してきた
それがすべての兄弟最後の
そして唯一の願いだ
時間の中であなたは私を手伝ってくれている
その時間が短縮されるにつれて
時間は長くなったり短くなったりしていることに
あなたはもう気づいている
短くなったり長くなったりするもの
変化するものは本当には存在していない
永遠とは変化しないもの
やがて時間は長くなったり短くなったりするだけでなく
存在していたか否かが判別できなくなる
それはまるで影のようだ
影は太陽の高さによって長くなったり短くなったりしている
影は太陽のように独立して存在することができない
太陽は実在している
しかし影は存在していない

ここにあなたの完全な平安がある
あなたは太陽の子どもだ
影の子どもではない
影の子でありたいという不思議な願望が時間の世界を支配してきたが
あなたは私とともに永遠の太陽の子どもだ
心をひとつにして時間の終わりを静かに見届けよう
このあなたの願いは多くの人と分かち合われ
たくさんの奇跡を見るだろう
なぜここを地獄のような場所だと信じていたのだろうと
あなたは不思議に思うことだろう

からだについて

心に平安がないときは
外側の形に心を奪われているときだ
そういうときには
わたしとともにもう一度中身を見ようと決心するだけでいい
するとあなたの心に従って中身が外側に現れてくる
あなたと兄弟の誰もが楽しむことができるものとして
平安な心から生まれてくるものはいったい何なのか
それが生まれる前から楽しみではないだろうか
信頼は神から来てみんなの心に分かち合われる
あなたが信頼するなら　信頼される
信頼されたいのかそれとも戦いたいのかをあなたが決めるのだ
さて　ここにひとつ間違えやすい問題がある
からだの中は内側だろうか
からだは目に見える

目は外側を見るため
外側を知覚するための機能としてあなたが作り出したものだ
あなたのからだは目に見える
からだの内側も見ようと思えば見ることができる
からだは外側も「内側」も外側なのだ
心はどこにあるとあなたは思っているだろう
からだの内側にあるような気がしているかもしれない
胸の辺りやあたま　腹などどこかに自分の中心のようなものがあり
そこで考えたり感じたりしているとあなたは信じているかもしれない
あなたが夜見る夢の中においてさえ
あなたはからだを信じている
夢の中でもからだを見ている
もしこのことを不思議だと思うなら
からだとまったくべつの自分がいると想像してみるといい
そしてそれを知りたいと願うといい
その決心に従ってあなたは体験するだろう
あなたはからだの内側に何かを隠すことができると信じてきたかもしれない

しかしからだがないのなら本当は何も隠すことができない
あなたの心はすべて知られている
いまあなたはこのことをどう感じるだろう
恐れがないなら
あなたが神と意思の疎通をはかっていることは明らかだ
恥ずかしい気持ちや
自分は平気だがあの人は違うだろうなどという思いがわき
心が平安を失うなら
神との意思の疎通は途絶えている
そうであれば回復する必要がある
あなたの心の幸せと平安は神との意思の疎通から生じる
そこであなたが裁かれることは何一つとしてない
それでもあなたは何かを裁きたいのだろうか
裁きたいと感じている自分を本当の自分にしていたいのだろうか
私にこたえてほしい
あなたは何を望んでいるのだろうか
幸せでいたいのであろうか

それとも　世界の孤独な支配者でいたいのだろうか
私はあなたとともに
そしてすべての兄弟とともに
神とともにあることを願っている
そしてそれがあなたの願いであることを願っている

光について 03

宇宙が光の速度で広がっているとあなたは聞いていた
一緒にその部分に思いをはせてみよう
そこが光の速度だという
アインシュタインの発見が正しければ
そこでは時間が止まっているということ
宇宙という空間の終わりが光と同等であり
時間が止まっているということは
そこが永遠のはじまりであることを示している
さて　永遠の側から時間の世界を振り返ってみよう
何が感じられるだろうか
いま　私たちの思考が時間のある宇宙のふち
その外側にたどり着くということは
思考が光よりも速いことを示している
それだけではない

いまあなたは永遠について思考している
永遠を思考のなかで扱うこともできるが
思考するのではなく
心で感じてみてほしい
いま宇宙の彼方へと解き放たれていくあなたの心が
限りある時間の宇宙を振り返ることに
魅力があるというだろうか

宇宙兄弟 04

こんなふうに考えることを提案します
地球である生物の種が絶滅したとします
そのとき別の惑星において
その生物の種のバリエーションが生まれます
生命は絶滅するという仕組みになっていないので
発展することはあっても絶滅してしまうことだけは決してないのです
だから絶滅させてよいということではありません
ただこの仕組みを知らないと
生命が絶滅したという間違いを信じかねないので
他の考え方を提案したのです
これは地球の遥かな歴史において
さまざまな生命が発生したときに他の星の生命が滅んだということを意味するので
はありません
生命はただただ発展しつづけているのです

こう考えるとあなたは気づくでしょう
それがこれからもずっと続いたら「宇宙は生命だらけになってしまう」と
でもこれってとっても楽しいことではないですか
そのために宇宙は膨張していると考えると楽しくはないですか

選択

「選択」とは
この世界のなかにたくさんあるものの中から何かを選ぶことだと信じ
そうしてきた
そうするといつでも迷うことになる
正しい選択と間違った選択があるように思えるし
よりよい選択と意味のない選択があるように思えるからだ
やがてあなたは選択に疲れてしまう
正しいと思ってくだした決断が
まったく間違った結果になることも
その逆も経験したはずだ
それを観察してきたあなたは
不可知論にたどりつくかもしれないし
懐疑主義者になるかもしれない
確率論者になってデータを研究し

ギャンブラーのように楽しむかもしれない
しかし　この不確かな世界での選択には
確かなことがひとつある
あなたがそのような選択に
あるいは選択をしなかったとしても
いずれにせよ　投資したものは決して戻って来ないということ
あなたがよい選択をしたと思っていても
それには確信がないはず
なぜならばどんな選択も最後は死で終わるのだから
あなたは死に直面することを避けて
ずっと考えないようにしてきたはず
死はあまりにも恐ろしいから
しかし　あなたはいつでも死に直面していることは明らか
本当の選択はここにある
選択とは何かを考え始める前に
誰とともに考えるのかを決めること
あなたの心には二人の案内役がいる

一方はあなたを一時的な不確かな存在
死するものとする案内役
もう一方はあなたは永遠の存在だとする案内役だ
あなたが何かを考え始めてから
誰と考えていたかに気づいて修正するのでは
時間が長引くことになる
一方の案内役はそれを望んでいる
時間の中で死があるからだ
もう一方の案内役は時間の終わりに向かうためにいる
時間自体の終わりを目的にしているのだ
だからあなたが本当に選択すべきことは
あなたが何かを考え始める前に「誰とともに考えるか」を決めること
それを正しく決めると
あなたが考えるべきことはほとんどなくなるだろう
そうしてあなたは「存在」し始める
本当に幸せなことは
時間の中で考えることやその結果としての行動の中にあるのではなく

いつでも目の前にある祝福をわかちあうことの中にある
あなたは人生を誰かと祝福を分かち合うものにしたいか
よく考えて決めるべきことと思うかもしれない
しかし実際にはその選択はない
あなたはすでに選んでいる
あなたはもともと永遠に祝福をわかちあう存在として生まれたのだから
いま　それがわかってきたというだけだ
世界があなたのために祝福を捧げていることがわかってきた
ここはあなたの天国なのだ

責任

あなたが何かを間違っていると感じたということは
その間違いを修正する責任と力があなたにあることを示している
責任だけあってその力がない
力はあるが責任はないということはありえない
修正の際の案内役である聖霊は
もともと全員の心に分かち合われている
あなたはその方法を知ったのだから
以前よりも些細な間違いに敏感になっているだろう
方法を知らないときは
ため息をつきながら諦めるか
ただ批判するしかなかった
間違いはなるべく気づかないほうが得だともいえた
しかしいまや間違いを修正することで
よりよい世界が現われること

間違いに気づいたほうが幸せに近づけるとわかってきた
攻撃で愛を求めるのはまわりくどい
求めていたはずの結果が出ないから諦め
他のことで人生をやり過ごすのは悪循環であること
直接愛へと導く案内役に訴えるほうが早いことに
あなたは気づきはじめたのだ
これはまさに奇跡と呼ぶにふさわしい変化
自分が何をしてきたか　そしてどうすべきかが
隠されている世界でそれを見つけたのだから
いま　あなたはもう「責任」ということばを恐れていない
あなたの「責任」は聖霊の祝福を受けとり
幸せでいることだ
あなたがそれを恐れるはずはない

心が目覚めたあと

心が目覚めると自我はさらに巧妙になる
「目覚めている人のはずなのに　なぜあんなことをしているのだろう」と
まるで自分のほかに誰かがいて　その人に罪があるかのように見せたり
「平安になってしまうと時間があまって仕方がない」と
時間の流れている世界にひきもどそうとしたり
「したいこと行きたいところはいっぱいあるのにお金がない」などと
物質的な制限のある世界を信じさせようとする
ほかにもたくさんあるだろう
それは新しく見えるかもしれないが
すべて平安を奪うという目的はいつも一緒だ
それが自分の目的だなどと思わなければ
自我の思考を退けることはやさしい
自我自体にあなたの心をひきつける力はない
このことに気づくと目の前の世界が明るくなる

目の前にあるすべてのものが
自分のために生きてくれていることがわかる
すべてはあなたの幸せのために
あなたの役に立つためにだけ生まれている
あなた次第でそれは凶器にもなりえた
しかしいつかはなぜそんなことをしていたのかと不思議に思うだろう
ただ自分を傷つけるだけのこと
すべてを傷つけるようなことになぜ惹かれていたのだろうか
本当に不思議なことだ
その意味で夢の世界は確かに不思議なもの
自分が何を望んでいたかを忘れてしまうのだから
必要なことはただ夢から覚めることだけ
そこはまだ新しい夢でしかないが
覚め続けることで夢の終わりまでの時間は短縮される
いまあなたは見たこともない夢
夢が終わるという夢を見ている

自由

AとBどちらを選んでもよいというとき
人は選択の自由があると言い
選択肢のない状況を不自由だと信じている
選択肢が多ければ多いほど自由度が高いと信じている
本当だろうか
選択できるものはひとつだけだとしたら
はじめからひとつ与えられたのといったい何が違うだろう
選んでも選ばなくても手にするのはひとつだけという状況は
「自分は確かにふたつからひとつを選んだ」という
幻のような満足感が残るだけではないだろうか
では同時にふたつとも選べるのなら
ひとつ選べるよりも自由だろうか
ふたつ選んでも他の何かを選べないなら
あなたは決して満足しない

かつてあなたはすべてを持っていたのだ
どんなに選択肢が増えて同時に選べたとしても
あなたに満足をもたらすことはない
選択はすべてを持っていたことを隠すための幻想
あなたはいまでもすべてを持っている

二兎を追うもの

二兎を追うものは一兎をも得ずという
しかしこの世界では一兎を追っても手に入らないとわかってきた
どうやらウサギを追っていたのでは手に入らないらしいと気づき
早めに絶望しておいた方が気楽だとさえ思っていたが
どうしても心が納得しなかった
なぜかはわからないが
どうしたらよいか
やっとわかってきた
正しいウサギを追えばよいのだ
ウサギのいる場所が違っていたから
見つからなかった
偽者のウサギでは決して満足できなかった
追っていたのはウサギですらなかったのだ
本当に追っていたのは

長い間忘れていた
わたしたちの故郷だった
故郷からきたウサギは
一緒に帰ろうといまでもわたしたちを誘っている
正しいウサギを追えば
持っていたすべてのものが自分の手に戻ってくるのだ

空間の矛盾

宇宙の果てはどんなふうになっているのだろうという問いは
その果ての向こう側に空間を想定している
その果てがすべての終わり
その向こうには何もないというのは
まったく納得がいかないはず
遊園地の外側に何もないのなら
遊園地はいったい何に支えられているのだろうという根本的な疑問が残る
その果てがどこまでも続いているといわれても
その果ての終わりはどうなっているのという問いから
逃れることはできない
空間という考えの最大の矛盾がこれだ
ミクロの方向に行けば
ある領域以下ではそこに現れる非局在的な量子の振る舞いが
より明確に空間という考え自体をゆらがせる

よって　この世界という空間が存在していないという仮説のもとで
もっとも説得力のある説明が可能となる
選べるのは空間があるという思考体系か
空間はないという思考体系のいずれかだ
あなたの正しい心はそのうちのひとつに
どうしても惹かれるだろう

バランス

あなたはバランスという考え方を大事にしている
多すぎるものと少なすぎるもの
失われたものと得たもの
陰と陽
善悪
カルマ
それらはさまざまな名前で呼ばれてきたが
ここでもう一度確かめてほしい
あなたが望んでいるのは　バランスの必要な世界だろうか
バランスが崩れると大変なことになるような世界だろうか
世界についてはもう一つ別の見方がある
バランスが崩れるということがありえない世界
バランスの存在する世界と存在しない世界
あなたはどちらに心を開きたいだろうか

克服

あなたができないことを一生懸命に努力してできるようになることが
あなたの幸せに結びつくことなどない
それは復讐のひとつ
何かが欠けている自分を裁き
自分を裁いた兄弟に対して間違っていたことを証明しようという悲しい道だ
誰もがみな悲しんでいるというのに
いったい誰に証明しようというのだろう
悲しいときに誰かの勝利を喜ぶ余裕はない
ただ悲しい道を歩くのをやめることはできる
自分の道があるのだから
あなたの道を探す必要はない
道は目の前にある
もし疲れているなら少しのあいだ　ゆっくり休むとよい
あなたが自分の道を歩くことで　復讐という生き方に終わりがくる

数学

数学の授業で
点には大きさがない
線分には太さがないと
教えられたときの衝撃を
あなたは覚えているだろう
かたちをイメージできるということは
大きさがあるはずなのに
それがないという
真実の世界と唐突に出会ったのだ
そのときあなたはこの世界でずっと隠されているもの
つまり自分自身の本当の姿に突然触れたのだ
だからあなたの心はあっけにとられてぼうっとなった
あなたにも大きさはない
あなたは大きさというような

なんらかの概念で制限を受けるような存在ではない
あの数学の授業であなたが経験したのはこのこと

宇宙兄弟　05

あなたは空想の中で
宇宙を外側から見たことがあるだろう
「宇宙の果ての向こう側ってどうなっているんだろう」と問いかけると
あっけなくそれが現れたはず
地球からどんどん遠ざかっていって
あっという間に宇宙の外に出てしまう
外から見るとあなたの宇宙は
まるでやわらかい繭のように見えたのではないだろうか
あなたはいまや小さくなって
手のひらに収まるような宇宙をじっと見ている
それはいつでもぼんやりとした光を放っていた
やがてあなたは自分のほかに一緒に見ている人がいることに気づく
するとさっきまで気になっていた
自分の宇宙がさらに小さくなり

心は何かを感じ始める
それは自分の宇宙の中では感じたことのないもの
ことばでは表せない
あなたの心はそこですべてを失うという恐れを完全に忘れる
いまやそんなものがあったことすら想像がつかない
どんなものだったのだろうと無理やり思いだそうとすることはできるが
もうそのことに魅力はない
そんな思いもすべて過ぎ去っていく
自分が思っていたこと知っていたことは
自分とまったく関係がなかったことがわかる
そう　まったく自分ではなかったのだ
あまりにもばかばかしい考えだった
そんなことを信じていたことが信じられない
それも遠ざかっていく
こうしてあなたのいる本当の場所が思い出されてくる
あなたの心は子どものころからそこを知っていた
わたしはずっとそこであなたを待っていた

わたしを思い出してほしいという願いとともに
わたしの願いはいまあなたの思考と結びついた
わたしとともに楽しみに待っていよう
すべてのあなたを迎えるのを
それはいつでもいまという一瞬のことなのだ

スピリットの火花

あなたはスピリットの火花を見たことがある
スポーツ　歌　ダンス　絵画　詩　を通して
ふと出会う花の美しさ　夕日に染まる空　星空の輝き
誰かの真心のこもった仕事
家族の深い思いやりを通して
その火花はあなたの心のもっとも崇高な部分に問いかける
「いったいあなたは何者なのか」
あなたは地上で永く眠り、夢の世界でまどろんではいるが
本当の姿が心から失われることは決してない
火花はそれをあなたに思い起こさせる
あなたは本当は誰なのか
これこそ疑問と呼ぶべきもの
地上のすべての疑問のなかで唯一意義のある疑問があなたの心に生まれた
火花からついにあなたの心に火が灯った

わたしはそのことを心から祝福する
あなたはやがて経験を通して知るだろう
その火がいったいどんなものなのか
あなた自身が地上の火花となって
みんなの心に火を灯すのだ
この世界にさまざまな色の炎が灯った姿を
あなたは見たくないだろうか

可愛い子が旅に出るなら

可愛い子だからずっと一緒にいてほしい
ほんとうは旅になど出てほしくはない
さびしくなるだけだから

それでもどうしても旅に出たいというのなら
わたしは家を出ることはできないが
あなたに気づかれないよう
わたしの忠実な従僕にそっと後ろからついていかせ
事前に危険を排除し
できるだけ安全に
何よりもあなたが十分に満足するまで旅を続けられるよう
見守らせることにしよう
そしてついに故郷のことを思い出したときには
旅から帰りたいと思えるよう

ずっとみんながあなたを大切に思って待っていることを
きちんと手紙に書いて
そっとカバンの奥に忍ばせておこう

長い旅に疲れたあなたは
その手紙に気づいて故郷を久しぶりに懐かしく思い出すだろう
かつて離れたいと思った故郷が
旅に疲れたあなたにはまるで天国だったように思えるだろう
「もう故郷に帰ることはない」と決めていたから
そこに帰るのは恥ずかしく思うかもしれない
だがみんながあなたを待っている
天国はあなたを必要としている

もう旅を続ける元気もなくなった孤独な朝
ふとカバンの奥に手紙があるのに気づいた
それを読むと
驚いたことに「みんなが自分の帰りを待っている」と書いてある

わたしは彼らを裏切ってひとりで勝手に旅に出たというのに
これは本当だろうかと嬉しくも信じられないような思いでいると
驚いたことに「わたしも一緒に帰る」という仲間が次々と現れてくる
あぁ　ひとりで帰るのではないのだ
ずっとひとりだと思っていた旅路で
はじめて同じ場所を目指す仲間と一緒の旅が始まる

今度の旅は故郷へ向かう旅だ
ひとり旅が好きだと思い込んでいたけれど
仲間との旅もまったく悪くない
仲間と一緒にいていろいろな話をしていると
これまで自分の心にあった氷のような葛藤が静かに解けていく
旅の行きと帰りはこんなにも違っているのかと軽くなった心で
ほんとうに驚いている
仲間も同じことを思っているようだ
どうやらもう天国の故郷のすぐそばまで戻ってきたらしい
故郷のみんなとの再会にいまわたしの心は高鳴っている

天国は大忙し

ついにあなたが家に帰る気になったという知らせは
すでに天国に伝わっているから
愛する家族たちはパーティーの準備で忙しく
猫の手も借りたいほどだ
あなたの帰りをみんなで
ずっと待っていたのだ
お帰りなさい
よく無事で帰ってきてくれたね
またみんなで幸せに
暮らそう
あのときのように

おわりに

「始まりのあるものには終わりがあるが、それは時間のなかに一時的に存在しているものであって本当には存在していない」

無限と有限は両立することはありません。この二つを見分けていくこと。それがコースの教えを生きていくことです。有限を選べば有限が生まれ、無限を選べば無限が生まれます。

片方は終わりがあり、もう一方にはありません。この二つの選択を自分の経験を通して理解していくと、心は「選択をしているのではない」ということに気づき始めます。一方しか存在していないのなら、それは選択ではありません。それがいかに自由で幸せなことか。このことがわかる人生は奇跡です。

あなたが『奇跡のコース』の教えに出会ったことをわたしは心から祝福します。もうすべての責任を果たしたということがわかって、ついに荷物をおろすときがきたのです。一緒に「よくやってきた、よくあきらめないだここまできた、やっと我が家にたどりついた」という喜びをわかちあいましょう。
いつかどこかであなたにお会いできるのを、わたしは心から楽しみにしています。

川上貢一

著者略歴

川上 貢一

1964年生まれ。「奇跡のコース」教師。
日々の生活で受けとったメッセージをメルマガ「インナーメッセンジャー」として配信中。

ブログ「ルクス・インテルナー」
http://lksitnr.exblog.jp

インナーメッセンジャー

●

2017年3月17日　初版発行

著者／川上貢一

編集／木下克利
DTP／大内かなえ

発行者／今井博央希

発行所／株式会社ナチュラルスピリット
〒107-0062　東京都港区南青山5-1-10
南青山第一マンションズ602
TEL 03-6450-5938　FAX 03-6450-5978
E-mail:info@naturalspirit.co.jp
ホームページ http://www.naturalspirit.co.jp/

印刷所／株式会社 暁印刷

ISBN978-4-86451-234-3　C0011